Trenzas de punto

Título original: *Cable Knitting Stitch Directory*

© 2025 Librero b.v. (edición española)
www.librero.nl

© Quarto Publishing plc 2024

Editora: Charlene Fernandes
Diseñadora: Eliana Holder
Supervisora de patrones: Julia Hewitt
Corrección de estilo: Katie Hardwicke
Lay-out: Clare Barber
Dirección artística: Martina Calvio
Fotografía: Pete Tomkies (muestras), Nicki Dowey
(primeros planos)
Responsable editorial: Lorraine Dickey

Producción de la edición española:
Traducción: Míriam Torras para Delivering iBooks & Design
Redacción y maquetación: Delivering iBooks & Design,
Barcelona

Distribución exclusiva de la edición española:
Librero IBP S. L.
C/ Paseo de los Olmos, n.º 20
Planta 1.ª, oficina 7
28005 Madrid, España
www.librero-ibp.es

Impreso en China
ISBN: 978-84-1154-076-6

Trenzas de punto

Debbie Tomkies

Una guía práctica con
100 puntos esenciales

Librero

Índice

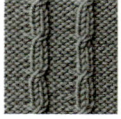

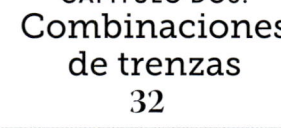

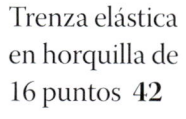

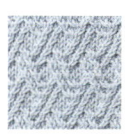
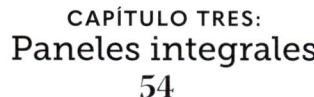

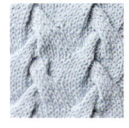

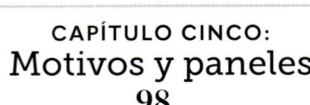

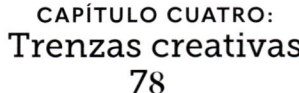

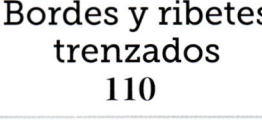

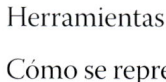
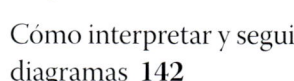

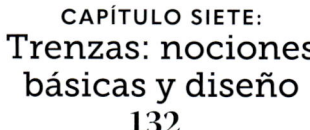

Acerca de este libro

Desde una soga sencilla y elegante hasta una compleja colmena o varias trenzas entrelazadas, incorporar puntos retorcidos y desplazados a una prenda de ropa es una manera fabulosa de añadirle textura y darle forma.

Básicamente, las trenzas son grupos de puntos del derecho y del revés trabajados fuera de la secuencia. Se pueden hacer en una infinidad de tamaños y combinaciones. Las trenzas se suelen tejer del derecho sobre un fondo de punto liso del revés. El contraste entre los lisos puntos del derecho y la textura tupida y abultada del lado con puntos del revés hace que el diseño de la trenza destaque claramente. Para que el tejido que aún más interesante, también se le pueden añadir patrones de diferentes puntos y colores.

DIRECTORIO DE TRENZAS:

Capítulos del uno al seis (págs. 10-131).

Este directorio de 100 puntos inspiradores abarca todo tipo de trenzas, desde las clásicas atemporales hasta interesantes puntos contemporáneos.

El apartado de combinaciones permite saber a simple vista cuántas repeticiones necesitará para alinear dos o más trenzas.

Indicación sobre el nivel de dificultad.

Con el fin de ahorrarle tiempo, hemos incluido el cálculo de la equivalencia a punto liso (CEPL) en cada patrón para que pueda incorporar trenzas a sus diseños.

Los ejemplos tejidos muestran los puntos individuales y el patrón general.

Los puntos especiales se explican en la misma página y también en el glosario (págs. 171-174).

Dificultad: ● ● ●

CEPL: Hay que añadir 18 p. por cada 10 cm tejidos a lo ancho

Combinaciones:
Puntos: Múltiplo de 16 p. más 4 p.
Repetición del patrón
De 16 hileras

Trenza de punto bobo elástica doble reversible

Tener trenzas reversibles en el repertorio siempre es práctico, y este punto es una gran opción. Utilícelo en bufandas y otros proyectos que tengan ambas caras del tejido visibles.

H. 1 (D): *5 d., [1 r., 1 d.] 5 veces, 1 r.; repita desde * hasta que queden 4 p.; 4 d.
H. 2 y todas las hileras R: *4 d., [1 d., 1 r.] 6 veces, 4 d.; repita desde * hasta el final.
H. 3: Repita la hilera 1.
H. 5: Repita la hilera 1.
H. 7: Repita la hilera 1.
H. 9: *4 d., trenza elast. izq. 2/2, [1 d., 1 r.] 4 veces; repita desde * hasta que queden 4 p.; 4 d.
H. 11: Repita la hilera 1.
H. 13: *5 d., 1 r., 1 d., 1 r.; trenza elast. dcha. 4/4, repita desde * hasta que queden 4 p.; 4 d.
H. 15: Repita la hilera 9.
H. 16: Repita la hilera 2.

Puntos especiales

Trenza elast. izq. 2/2: Pase los 2 puntos siguientes a la aguja aux. y suéltela por delante de la labor, haga 1 d., 1 r. y 1 r. y 1 d. de la aguja aux.
Trenza elast. dcha. 4/4: Pase los 4 puntos siguientes a la aguja aux. y suéltela por detrás de la labor, haga [1 d., 1 r.] 2 veces y [1 r. y 1 d. de la aguja aux.] 2 veces.

LEYENDA DEL DIAGRAMA

Repetición de 16 p.

D.: del revés
R.: del revés

D.: del derecho
R.: del revés

Trenza elást. izq. 4/4

Trenza elást. 2/2

84 | TRENZAS CREATIVAS

Dificultad: ● ● ●

CEPL: Hay que añadir 14 p. por cada 10 cm tejidos a lo ancho

Combinaciones:
Puntos: Múltiplo de 16 p. más 4 p.
Repetición del patrón
De 16 hileras más 4 hileras base

Trenza elástica y de punto arroz reversible

Los puntos del derecho y del revés dispuestos cuidadosamente crean una impresionante trenza reversible. Las interesantes trenzas elásticas y el punto arroz quedan igual de bien por ambas caras del tejido.

H. 1 (D): *[1 d., 1 r.] 8 veces, repita desde * hasta que queden 4 p.; [1 d., 1 r.] 2 veces.
H. 2 (R.): [1 r., 1 d.] 2 veces, *[1 d., 1 r.] 5 veces, repita desde * hasta el final.
H. 3 y 4: Repita las hileras 1 y 2.
H. 5: *[1 d., 1 r.] 8 veces, repita desde * hasta que queden 4 p.; [1 d., 1 r.] 2 veces.
H. 6: [1 r., 1 d.] 2 veces, repita desde * hasta el final.
H. 7 y 8: Repita las hileras 5 y 6.
H. 9: *[1 d., 1 r.] 2 veces, trenza elast. izq. 6/6, repita desde * hasta que queden 4 p.; [1 d., 1 r.] 2 veces.
H. 10: Repita la hilera 2.
H. 11: Repita la hilera 5.
H. 12 y 13: Repita las hileras 10 y 11.
H. 14: Repita la hilera 6.
H. 15: *[1 d., 1 r.] 4 veces, trenza elast. izq. 2/2, [1 d., 1 r.] 2 veces; repita desde * hasta que queden 4 p.; [1 d., 1 r.] 2 veces.
H. 16 y 17: Repita las hileras 14 y 15.
H. 18: [1 r., 1 d.] 2 veces, *[1 d., 1 r.] 8 veces repita desde * hasta el final.
H. 19: Repita la hilera 15.
H. 20: Repita la hilera 18.
Repita las hileras 5-20.

Ejemplos de trenzas

Las trenzas siguen principios parecidos. Una vez que domine los movimientos básicos, le resultará fácil seguir las instrucciones del glosario de las páginas 171-174 (también las encontrará en los patrones). Aquí tiene algunos ejemplos de técnicas para crear trenzas estándar, además de un par de puntos más inusuales que tal vez quiera incorporar a sus diseños.

Trenza a la izquierda de 4 puntos sobre un fondo de punto liso del revés (trenza izq. 2/2)

Para hacer esta trenza, los puntos se sujetan por delante de la labor y se desplazan de derecha a izquierda. También se conoce como «trenza cruzada por delante».

1

1. Teja puntos del revés hasta llegar al inicio de la trenza. Ahora utilice la aguja aux.: pase los 2 puntos siguientes a la aguja aux. como si fuera a tejerlos del revés.

2. Mantenga la aguja aux. con los puntos por delante de la labor. Si usa una aguja aux. con forma de gancho, simplemente déjela caer por delante de la labor. En el caso de que use recta o con una zona cóncava, aguántela con los dedos o introdúzcala con cuidado en el tejido, asegurándose de no dividir o enganchar el hilo.

3. Con el hilo del ovillo detrás de la labor, teja del derecho los 2 puntos siguientes de la aguja izq. del modo habitual. Para evitar que quede un agujero en el cruce, tense el hilo después de hacer el primer punto. Tal vez le parezca que los puntos quedan apretados y sean un poco difíciles de tejer. No se preocupe, ¡es normal!

4. Deje la aguja izq. detrás de la labor. Con la aguja aux. en la mano izq., teja del derecho 2 puntos de la aguja aux. Asegúrese de que los puntos se mantengan en el mismo orden y que no se retuerzan al levantar la aguja aux.

5. Una vez que haya tejido 2 puntos de la aguja aux., habrá completado la trenza a la izquierda (cruzada por delante). Teja puntos del revés hasta llegar al final de la hilera.

MÉTODO CONTINENTAL

Para ahorrar espacio en estas páginas y destinarlo a más puntos y diseños increíbles, los ejemplos ilustrados de trenzas solo se muestran con el hilo sostenido con la mano derecha, lo que se conoce como método inglés.

Si usted sigue el método continental o sostiene el hilo con la mano izquierda, tenga en cuenta que al tejer el texto y los pasos son los mismos pero que el hilo vendrá de la aguja izquierda en lugar de la derecha.

146 | TRENZAS: NOCIONES BÁSICAS Y DISEÑO

NOTA ACERCA DE LOS HILOS

Las trenzas de este libro se han hecho con hilos ligeros de Cascade Yarns®, 220 Superwash®. El CEPL indicado en los patrones se basa en una muestra de tensión 10 cm con unos 20 p. y 24 hileras tejidos a punto liso utilizando agujas de 4,5 mm. El CEPL funciona bien con hilos con una tensión similar. No obstante, si desea utilizar un hilo más fino o más grueso, lo mejor es que teja una muestra y utilice el método de cálculo de la página 170 para determinar su proprio CEPL.

Los patrones y los diagramas son sencillos de seguir y ofrecen las instrucciones básicas.

Las fotografías paso a paso dividen las instrucciones en partes claras.

CAPÍTULO SIETE:
TRENZAS: NOCIONES BÁSICAS Y DISEÑO

Tanto si es nuevo en el arte de tejer trenzas como si quiere aprender a incorporarlas a sus diseños, este capítulo le enseñará las habilidades y las técnicas imprescindibles.

Las trenzas siguen principios parecidos y, una vez que domine los pasos básicos, le resultará fácil seguir las instrucciones. Esto son algunos ejemplos de técnicas para hacer trenzas estándar, además de un par de puntos menos habituales.

Trenza a la derecha de 4 puntos sobre un fondo de punto liso del revés (trenza dcha. 2/2) ⬚⬚⬚⬚

Para crear una trenza que se desplace de izquierda a derecha, los puntos se sujetan por detrás de la labor. Esta técnica también se conoce como «trenza cruzada por detrás».

1. Teja puntos del revés hasta llegar al inicio de la trenza. Ahora utilice la aguja aux.: pase los 2 puntos siguientes a la aguja aux. como si fuera a tejerlos del revés.

2. Mantenga la aguja aux. con los puntos por detrás de la labor. Si utiliza una aguja aux. con forma de gancho, simplemente déjela caer por detrás de la labor. En el caso de que sea recta o con una zona cóncava, aguántela con los dedos o introdúzcala con cuidado

en el tejido, asegurándose de no dividir o enganchar el hilo.

3. Con el hilo del ovillo por detrás, teja del derecho los 2 puntos siguientes de la aguja izq. del modo habitual. Para evitar que quede un agujero en el cruce, tire bien del hilo después de hacer el primer punto. Tal vez le parezca que estos puntos quedan apretados y sean un poco difíciles de tejer. No se preocupe: ¡es normal!

4. Deje la aguja izq. detrás de la labor. Con la aguja aux. en la mano izq., teja del derecho 2 puntos de la aguja aux. Asegúrese de que los puntos se mantengan en el mismo orden y que no se retuerzan al levantar la aguja aux.

5. Una vez que haya tejido 2 puntos de la aguja aux., habrá completado la trenza a la derecha (cruzada por detrás). Teja puntos del revés hasta llegar al final de la hilera.

EJEMPLOS DE TRENZAS | 149

Conozca a Debbie

Hacer punto me apasiona desde que era pequeña. Aprendí de mi abuela cuando vino de visita desde Escocia. Desarrollé mis habilidades a base de prueba y error (¡sobre todo error!) antes de conseguir mi primer trabajo, que consistía en tejer jerséis de mohair de vivos colores (¡gracias, años ochenta!).

En la universidad, las labores de punto pasaron a un segundo plano hasta que empecé a trabajar. Fue entonces cuando redescubrí los beneficios y la relajación terapéutica que, después de un duro día, me aportaban un par de agujas, un suave ovillo de lana y una taza de té.

Mi primer hito en mi carrera como diseñadora profesional se produjo cuando una editora de una revista de labores de punto se fijó en uno de mis diseños. Cuatro años más tarde, me encargaba de diseñar cada número y de escribir los tutoriales paso a paso. Tres libros después, me encuentro colaborando en otra revista de labores de punto: escribo la columna con respuestas a las cartas de los lectores y los artículos especiales, respondiendo las dudas tanto de tejedores nuevos como experimentados.

Es esta experiencia lo que deseo compartir aquí, en mi quinto libro. Quiero enseñarle a usted todas las técnicas necesarias para que pueda empezar a tejer trenzas, domine las nociones básicas y se anime a comenzar su propia aventura con las agujas de tejer.

Debbie Tomkies

CAPÍTULO UNO

Trenzas clásicas

Aquí encontrará los patrones más básicos de
los diseños con trenzas. Son lo suficientemente
atemporales y elegantes para usarse como motivo
individual, pero también puede combinarlos con
otras trenzas para crear nuevos diseños.

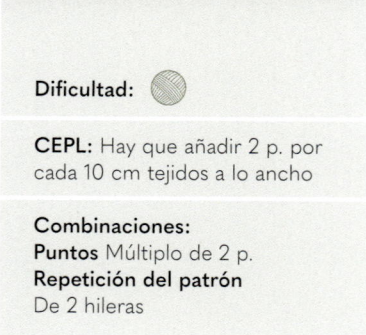
Trenza a la izquierda de 2 puntos (corta)

Esta es una de las trenzas más sencillas, pero resulta muy práctica para añadir un pequeño detalle a la labor. También puede incorporarse a un diseño elástico.

H. 1 (D): Teja puntos del derecho.

H. 2 y todas las hileras R: Teja puntos del revés.

H. 3: Trenza izq. 1/1.

H. 4: Repita la hilera 2.

Repita las hileras 3 y 4.

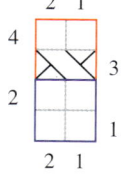

LEYENDA DEL DIAGRAMA:

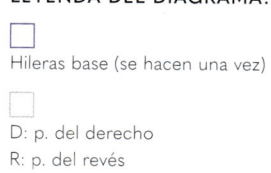

Hileras base (se hacen una vez)

D: p. del derecho
R: p. del revés

Repetición de 2 p.

Trenza izq. 1/1

Trenza a la izquierda de 2 puntos (mediana)

Con solo añadir hileras entre los puntos retorcidos, se obtiene una trenza más suave que puede utilizarse como parte de un panel o bien combinarse con otras trenzas.

H. 1 (D): Teja puntos del derecho.
H. 2 y todas las hileras R: Teja puntos del revés.
H. 3: Trenza izq. 1/1.
H. 5: Repita la hilera 1.
H. 6: Repita la hilera 2.
Repita las hileras 3-6.

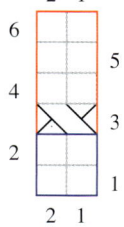

LEYENDA DEL DIAGRAMA:

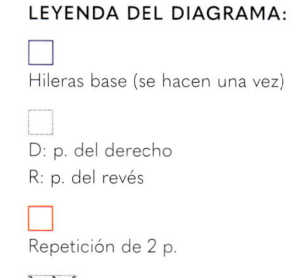

Hileras base (se hacen una vez)

D: p. del derecho
R: p. del revés

Repetición de 2 p.

Trenza izq. 1/1

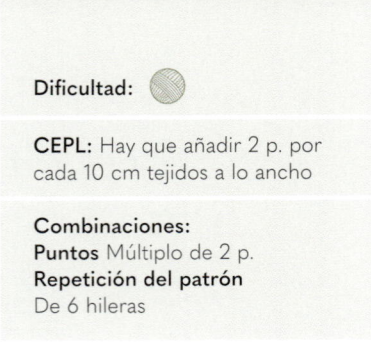

Dificultad:

CEPL: Hay que añadir 2 p. por cada 10 cm tejidos a lo ancho

Combinaciones:
Puntos Múltiplo de 2 p.
Repetición del patrón
De 6 hileras

Trenza a la izquierda de 2 puntos (larga)

Alargar aún más los puntos retorcidos cambia totalmente el aspecto de la trenza. Las trenzas estrechas son muy versátiles y es posible modificarlas simplemente cambiando las hileras que hay entre los puntos retorcidos.

H. 1 (D): Teja puntos del derecho.
H. 2 y todas las hileras R: Teja puntos del revés.
H. 3: Trenza izq. 1/1.
H. 5: Repita la hilera 1.
H. 7: Repita la hilera 1.
H. 8: Repita la hilera 2.
Repita las hileras 3-8.

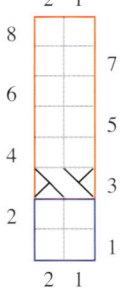

LEYENDA DEL DIAGRAMA:

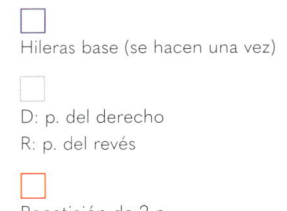

Hileras base (se hacen una vez)

D: p. del derecho
R: p. del revés

Repetición de 2 p.

Trenza izq. 1/1

Trenza a la derecha de 2 puntos (corta)

Al retorcer el punto hacia la dirección opuesta se obtiene una trenza que combina de manera equilibrada con la trenza retorcida a la izquierda. Téjalas juntas, una al lado de la otra, o úsalas para enmarcar y destacar un panel.

H. 1 (D): Teja puntos del derecho.

H. 2 y todas las hileras R: Teja puntos del revés.

H. 3: Trenza dcha. 1/1.

H. 4: Repita la hilera 2.

Repita las hileras 3 y 4.

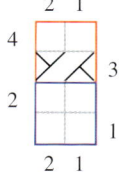

LEYENDA DEL DIAGRAMA:

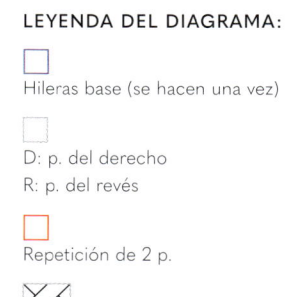

Hileras base (se hacen una vez)

D: p. del derecho
R: p. del revés

Repetición de 2 p.

Trenza dcha. 1/1

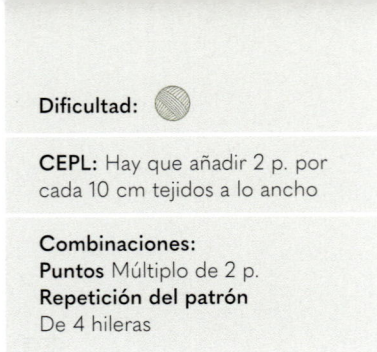

Dificultad:

CEPL: Hay que añadir 2 p. por cada 10 cm tejidos a lo ancho

Combinaciones:
Puntos Múltiplo de 2 p.
Repetición del patrón
De 4 hileras

Trenza a la derecha de 2 puntos (mediana)

Esta es otra trenza que combina simétricamente con la trenza retorcida a la izquierda, pero también puede utilizarse para crear un interesante patrón integral.

H. 1 (D): Teja puntos del derecho.
H. 2 y todas las hileras R: Teja puntos del revés.
H. 3: Trenza dcha. 1/1.
H. 5: Repita la hilera 1.
H. 6: Repita la hilera 2.
Repita las hileras 3-6.

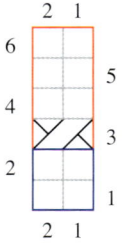

LEYENDA DEL DIAGRAMA:

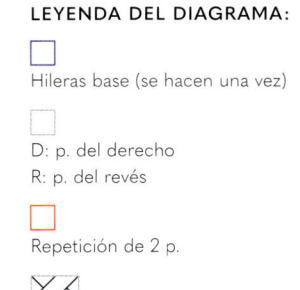

Hileras base (se hacen una vez)

D: p. del derecho
R: p. del revés

Repetición de 2 p.

Trenza dcha. 1/1

Dificultad:

CEPL: Hay que añadir 2 p. por cada 10 cm tejidos a lo ancho

Combinaciones:
Puntos Múltiplo de 2 p.
Repetición del patrón
De 6 hileras

Trenza a la derecha de 2 puntos (larga)

Al experimentar con puntos retorcidos a la derecha o a la izquierda y de diferente largada, puede crear un patrón sorprendentemente llamativo utilizando un simple diseño de dos puntos.

H. 1 (D): Teja puntos del derecho.

H. 2 y todas las hileras R: Teja puntos del revés.

H. 3: Trenza dcha. 1/1.

H. 5: Repita la hilera 1.

H. 7: Repita la hilera 1.

H. 8: Repita la hilera 2.

Repita las hileras 3-8.

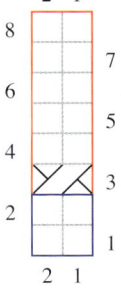

LEYENDA DEL DIAGRAMA:

Hileras base (se hacen una vez)

D: p. del derecho
R: p. del revés

Repetición de 2 p.

Trenza dcha. 1/1

Dificultad:

CEPL: Hay que añadir 11 p. por cada 10 cm tejidos a lo ancho

Combinaciones:
Puntos Múltiplo de 4 p.
Repetición del patrón
De 2 hileras

Trenza a la izquierda de 4 puntos (corta)

Una trenza muy popular que funciona tanto a solas como combinada con otras trenzas para formar un panel. Es elegante y fácil de trabajar.

H. 1 (D): Teja puntos del derecho.
H. 2 y todas las hileras R: Teja puntos del revés.
H. 3: Trenza izq. 2/2.
H. 4: Repita la hilera 2.
Repita las hileras 3 y 4.

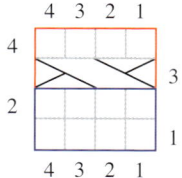

LEYENDA DEL DIAGRAMA:

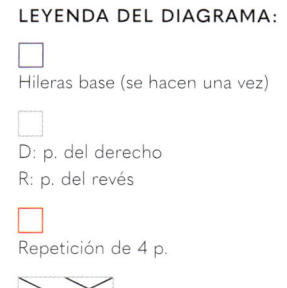

Hileras base (se hacen una vez)

D: p. del derecho
R: p. del revés

Repetición de 4 p.

Trenza izq. 2/2

Dificultad:

CEPL: Hay que añadir 2 p. por cada 10 cm tejidos a lo ancho

Combinaciones:
Puntos Múltiplo de 4 p.
Repetición del patrón
De 4 hileras

Trenza a la derecha de 4 puntos (mediana)

Las trenzas de cuatro puntos son lo suficientemente impresionantes como para emplearse como motivo único; por ejemplo, a lo largo de una manga o a modo de panel simple o múltiple. Son fáciles de tejer y añaden textura al tejido sin deformarlo.

H. 1 (D): Teja puntos del derecho.

H. 2 y todas las hileras R: Teja puntos del revés.

H. 3: Trenza dcha. 2/2.

H. 5: Repita la hilera 1.

H. 6: Repita la hilera 2.

Repita las hileras 3-6.

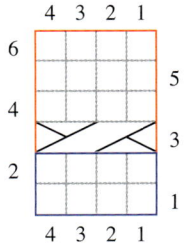

LEYENDA DEL DIAGRAMA:

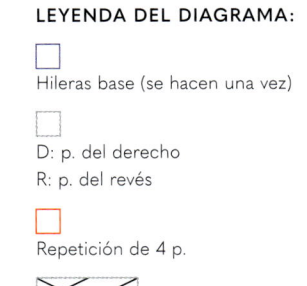

Hileras base (se hacen una vez)

D: p. del derecho
R: p. del revés

Repetición de 4 p.

Trenza dcha. 2/2

CEPL: Hay que añadir 13 p. por cada 10 cm tejidos a lo ancho

Combinaciones:
Puntos Múltiplo de 8 p.
Repetición del patrón
De 4 hileras

Trenza a la izquierda de 8 puntos (mediana)

Las trenzas más anchas son más complicadas de trabajar porque hay que sujetar más puntos en la aguja auxiliar. No obstante, dan un toque espectacular.

H. 1 (D): Teja puntos del derecho.

H. 2 y todas las hileras R: Teja puntos del revés.

H. 3: Trenza izq. 4/4.

H. 5: Repita la hilera 1.

H. 6: Repita la hilera 2.

Repita las hileras 3-6.

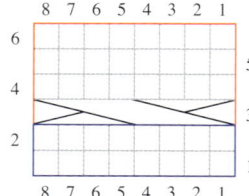

LEYENDA DEL DIAGRAMA:

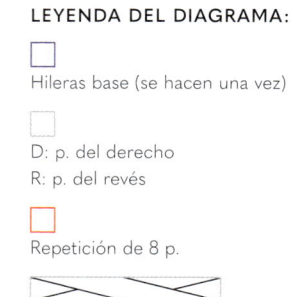

Hileras base (se hacen una vez)

D: p. del derecho
R: p. del revés

Repetición de 8 p.

Trenza izq. 4/4

Dificultad:

CEPL: Hay que añadir 9 p. por cada 10 cm tejidos a lo ancho

Combinaciones:
Puntos Múltiplo de 8 p.
Repetición del patrón
De 6 hileras

Trenza a la derecha de 8 puntos (larga)

En el caso de las trenzas más anchas, aumentar el número de hileras entre los puntos retorcidos puede facilitar el trabajo. Además, hace menos probable que el tejido de alrededor se deforme.

H. 1 (D): Teja puntos del derecho.

H. 2 y todas las hileras R: Teja puntos del revés.

H. 3: Trenza dcha. 4/4.

H. 5: Repita la hilera 1.

H. 7: Repita la hilera 1.

H. 8: Repita la hilera 2.

Repita las hileras 3-8.

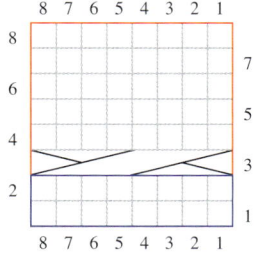

LEYENDA DEL DIAGRAMA:

Hileras base (se hacen una vez)

D: p. del derecho
R: p. del revés

Repetición de 8 p.

Trenza dcha. 4/4

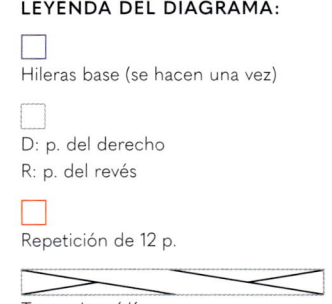
CEPL: Hay que añadir 11 p. por cada 10 cm tejidos a lo ancho

Combinaciones:
Puntos Múltiplo de 12 p.
Repetición del patrón
De 14 hileras

Trenza a la izquierda de 12 puntos (larga)

Cuando pase a tejer trenzas aún más anchas, asegúrese de hacer una muestra grande para comprobar la tensión. Las trenzas anchas quedan preciosas como motivo central, pero también son ideales para incorporarlas a un panel.

H. 1 (D): Teja puntos del derecho.
H. 2 y todas las hileras R: Teja puntos del revés.
H. 3: Repita la hilera 1.
H. 5: Trenza izq. 6/6.
H. 7: Repita la hilera 1.
H. 9: Repita la hilera 1.
H. 11: Repita la hilera 1.
H. 13: Repita la hilera 1.
H. 15: Repita la hilera 1.
H. 17: Repita la hilera 1.
H. 18: Repita la hilera 2.
Repita las hileras 5-18.

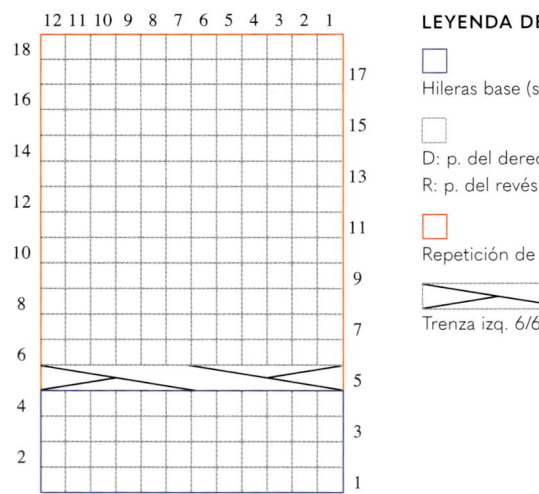

LEYENDA DEL DIAGRAMA:

Hileras base (se hacen una vez)

D: p. del derecho
R: p. del revés

Repetición de 12 p.

Trenza izq. 6/6

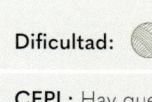
CEPL: Hay que añadir 6 p. por cada 10 cm tejidos a lo ancho

Combinaciones:
Puntos Múltiplo de 12 p.
Repetición del patrón
De 16 hileras

Trenza a la derecha de 12 puntos (extralarga)

Al hacer una trenza ancha con muchas hileras entre los puntos retorcidos, planee con cuidado su trabajo para asegurarse de que el final de la repetición se sitúe donde quiere. Queda especialmente bien si la combina con una trenza que tenga una repetición corta y estrecha.

H. 1 (D): Teja puntos del derecho.
H. 2 y todas las hileras R: Teja puntos del revés.
H. 3: Repita la hilera 1.
H. 5: Trenza dcha. 6/6.
H. 7: Repita la hilera 1.
H. 9: Repita la hilera 1.
H. 11: Repita la hilera 1.
H. 13: Repita la hilera 1.
H. 15: Repita la hilera 1.
H. 17: Repita la hilera 1.
H. 19: Repita la hilera 1.
H. 20: Repita la hilera 2.
Repita las hileras 5-20.

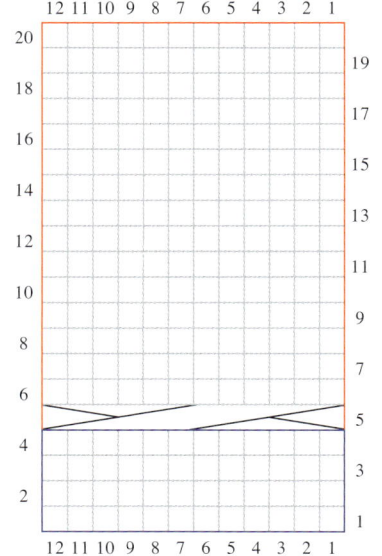

LEYENDA DEL DIAGRAMA:

Hileras base (se hacen una vez)

D: p. del derecho
R: p. del revés

Repetición de 12 p.

Trenza dcha. 6/6

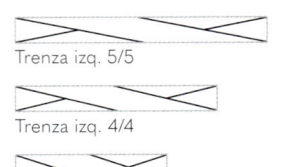
CEPL: Hay que añadir 1 p. por cada 10 cm tejidos a lo ancho

Combinaciones:
Puntos Múltiplo de 12 p.
Repetición del patrón
De 34 hileras

Trenza descendente a la izquierda de 12 puntos

Este punto tan interesante utiliza trenzas de diferente anchura para crear una inusual forma piramidal. Queda estupendo incorporado en un puño o un ribete suaves en sustitución a un elástico.

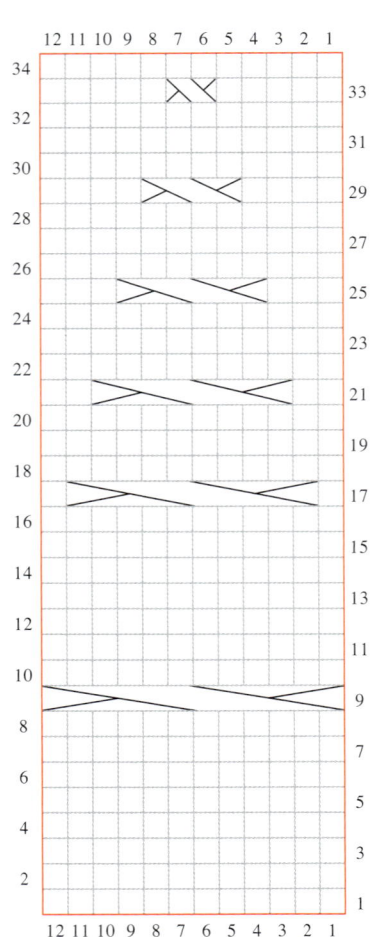

H. 1 (D): Teja puntos del derecho.

H. 2 y todas las hileras R: Teja puntos del revés.

H. 3: Repita la hilera 1.

H. 5: Repita la hilera 1.

H. 7: Repita la hilera 1.

H. 9: Trenza izq. 6/6.

H. 11: Repita la hilera 1.

H. 13: Repita la hilera 1.

H. 15: Repita la hilera 1.

H. 17: 1 d., trenza izq. 5/5, 1 d.

H. 19: Repita la hilera 1.

H. 21: 2 d., trenza izq. 4/4, 2 d.

H. 23: Repita la hilera 1.

H. 25: 3 d., trenza izq. 3/3, 3 d.

H. 27: Repita la hilera 1.

H. 29: 4 d., trenza izq. 2/2, 4 d.

H. 31: Repita la hilera 1.

H. 33: 5 d., trenza izq. 1/1, 5 d.

H. 34: Repita la hilera 2.

Repita las hileras 1-34.

LEYENDA DEL DIAGRAMA:

Repetición de 12 p.

D: p. del derecho
R: p. del revés

Trenza izq. 6/6

Trenza izq. 5/5

Trenza izq. 4/4

Trenza izq. 3/3

Trenza izq. 2/2

Trenza izq. 1/1

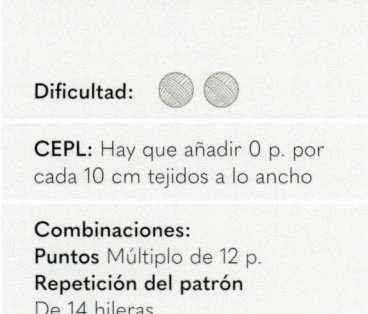

Dificultad: ⊘ ⊘

CEPL: Hay que añadir 0 p. por cada 10 cm tejidos a lo ancho

Combinaciones:
Puntos Múltiplo de 12 p.
Repetición del patrón
De 14 hileras

Trenza asimétrica del revés a la izquierda de 12 puntos

Las trenzas no tienen por qué ser simétricas. Añadirles algunos puntos del revés puede hacerlas aún más interesantes.

H. 1 (D): Teja puntos del derecho.

H. 2 (R.): Teja puntos del revés.

H. 3-10: Repita las hileras 1 y 2.

H. 11: Trenza r. izq. 4/8.

H. 12: 4 r., 8 d.

H. 13: 8 r., 4 d.

H. 14-24: Repita las hileras 12 y 13.
Repita las hileras 11-24.

Punto especial

Trenza r. izq. 4/8: Pase los 4 puntos siguientes a la aguja aux. y sujétela por delante de la labor, haga 8 r. y en la aguja aux. 4 d.

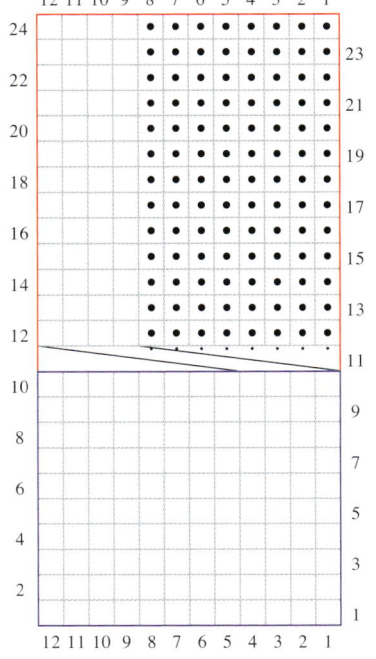

LEYENDA DEL DIAGRAMA:

▢ Hileras base (se hacen una vez)

▢ D: p. del derecho
R: p. del revés

▢ Repetición de 12 p.

⟋ Trenza r. izq. 4/8

• D: p. del revés
R: p. del derecho

Trenza ascendente a la derecha de 15 puntos

Dificultad:

CEPL: Hay que añadir 0 p. por cada 10 cm tejidos a lo ancho

Combinaciones:
Puntos Múltiplo de 15 p. más 1 p.
Repetición del patrón
De 36 hileras

Si invierte los puntos retorcidos de la trenza descendente de 12 puntos de la página 24 y los trabaja hacia la derecha, obtendrá un efecto diferente que quedará estupendo alrededor del canesú de un jersey tejido entero de arriba abajo.

H. 1 (D): *7 r., 2 d., 6 r.; repita desde * hasta que quede 1 p.; 1 r.

H. 2 (R.): 1 d., *6 d., 2 r., 7 d.; repita desde * hasta el final.

H. 3-8: Repita las hileras 1 y 2.

H. 9: *6 r., 1 d., trenza dcha. 1/1, 1 d., 5 r.; repita desde * hasta que quede 1 p.; 1 r.

H. 10: 1 d., *5 d., 4 r., 6 d.; repita desde * hasta el final.

H. 11: *6 r., 4 d., 5 r.; repita desde * hasta que quede 1 p.; 1 r.

H. 12: Repita la hilera 10.

H. 13: *5 r., 1 d., trenza dcha. 2/2, 1 d., 4 r.; repita desde * hasta que quede 1 p.; 1 r.

H. 14: 1 d., *4 d., 6 r., 5 d.; repita desde * hasta el final.

H. 15: *5 r., 6 d., 4 r.; repita desde * hasta que quede 1 p.; 1 r.

H. 16: Repita la hilera 14.

H. 17: *4 r., 1 d., trenza dcha. 3/3, 1 d., 3 r.; repita desde * hasta que quede 1 p.; 1 r.

H. 18: 1 d., *3 d., 8 r., 4 d.; repita desde * hasta el final.

H. 19: *4 r., 8 d., 3 r.; repita desde * hasta que quede 1 p.; 1 r.

H. 20: Repita la hilera 18.

H. 21: *3 r., 1 d., trenza dcha. 4/4, 1 d., 2 r.; repita desde * hasta que quede 1 p.; 1 r.

H. 22: 1 d., *2 d., 10 r., 3 d.; repita desde * hasta el final.

H. 23: *3 r., 10 d., 2 r.; repita desde * hasta que quede 1 p.; 1 r.

H. 24: Repita la hilera 22.

H. 25: *2 r., 1 d., trenza dcha. 5/5, 1 d., 1 r.; repita desde * hasta que quede 1 p.; 1 r.

H. 26: 1 d., *1 d., 12 r., 2 d.; repita desde * hasta el final.

H. 27: *2 r., 12 d., 1 r.; repita desde * hasta que quede 1 p.; 1 r.

H. 28: Repita la hilera 26.

H. 29: *1 r., 1 d., trenza dcha. 6/6, 1 d.; repita desde * hasta que quede 1 p.; 1 r.

H. 30: 1 d.,*14 r., 1 d.; repita desde * hasta el final.

H. 31: *1 r., 14 d.; repita desde * hasta que quede 1 p.; 1 r.

H. 32-35: Repita las hileras 30 y 31.

H. 36: Repita la hilera 30.

Repita las hileras 1-36.

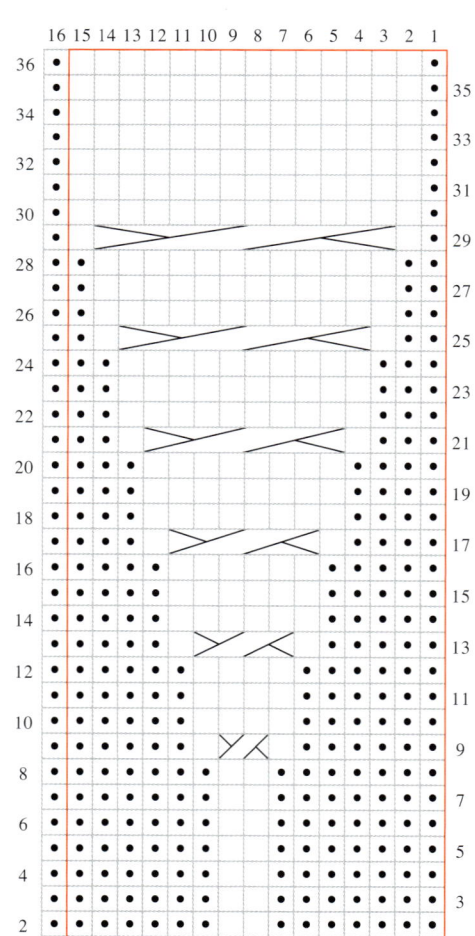

LEYENDA DEL DIAGRAMA:

Repetición de 15 p.

• D: p. del revés
R: p. del derecho

D: p. del derecho
R: p. del revés

Trenza dcha. 1/1

Trenza dcha. 2/2

Trenza dcha. 3/3

Trenza dcha. 4/4

Trenza dcha. 5/5

Trenza dcha. 6/6

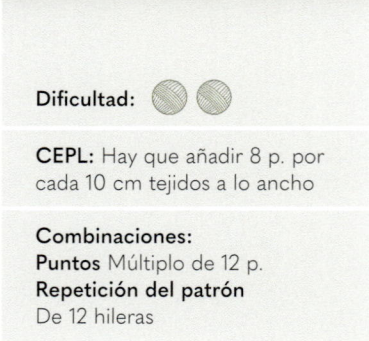
CEPL: Hay que añadir 8 p. por cada 10 cm tejidos a lo ancho

Combinaciones:
Puntos Múltiplo de 12 p.
Repetición del patrón
De 12 hileras

Trenza retorcida doble a la derecha de 9 puntos

Esta trenza es más intrincada, pero solo tiene dos hileras con puntos retorcidos, así que no es tan compleja como parece.

H. 1 (D): Teja puntos del derecho.

H. 2 y todas las hileras R: Teja puntos del revés.

H. 3: Repita la hilera 1.

H. 5: Repita la hilera 1.

H. 7: Repita la hilera 1.

H. 9: 3 d., trenza dcha. 3/6.

H. 11: Trenza dcha. 3/6, 3 d.

H. 12: Repita la hilera 2.

Repita las hileras 1-12.

Punto especial

Trenza dcha. 3/6: Pase los 6 puntos siguientes a la aguja aux. y sujétela por detrás de la labor, haga 3 d. en la aguja izq. y 6 d. en la aguja aux.

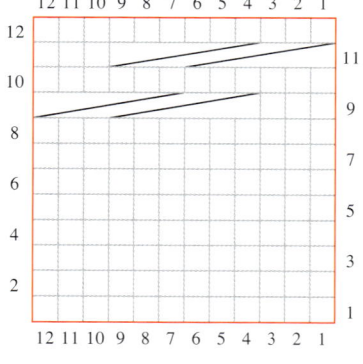

LEYENDA DEL DIAGRAMA:

Repetición de 12 p.

D: p. del derecho
R: p. del revés

Trenza dcha. 3/6

Dificultad: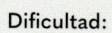

CEPL: Hay que añadir 11 p. por cada 10 cm tejidos a lo ancho

Combinaciones:
Puntos Múltiplo de 8 p.
Repetición del patrón
De 16 hileras

Trenza ondulada simple de 8 puntos

Una columna de cuatro puntos pasa serpenteante por encima de los otros cuatro puntos en lugar de discurrir del modo habitual (cruzándose por encima y por debajo). Esto crea una superficie con una textura encantadora que se puede combinar con una amplia gama de puntos.

H. 1 (D): Teja puntos del derecho.

H. 2 y todas las hileras R: Teja puntos del revés.

H. 3: Repita la hilera 1.

H. 5: Repita la hilera 1.

H. 7: Trenza izq. 4/4.

H. 9: Repita la hilera 1.

H. 11: Repita la hilera 1.

H. 13: Repita la hilera 1.

H. 15: Trenza dcha. 4/4.

H. 16: Repita la hilera 2.

Repita las hileras 1-16.

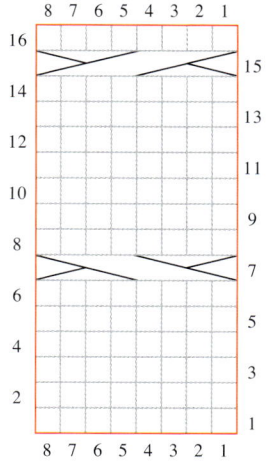

LEYENDA DEL DIAGRAMA:

Repetición de 8 p.

D: p. del derecho
R: p. del revés

Trenza izq. 4/4

Trenza dcha. 4/4

Trenza de ochos ensartados de 10 puntos

Una columna de puntos pasa serpenteando por dos puntos retorcidos en forma de ocho para crear un diseño con mucho relieve y detalle.

Dificultad:

CEPL: Hay que añadir 8 p. por cada 10 cm tejidos a lo ancho

Combinaciones:
Puntos Múltiplo de 10 p.
Repetición del patrón
De 32 hileras

H. 1 (D): Teja puntos del derecho.

H. 2 y todas las hileras R: Teja puntos del revés.

H. 3: Teja puntos del derecho.

H. 5: Repita la hilera 3.

H. 7: Trenza dcha. 5/5.

H. 9: Repita la hilera 3.

H. 11: Repita la hilera 3.

H. 13: Trenza izq. 3/2, trenza dcha. 3/2.

H. 15: Repita la hilera 3.

H. 17: Trenza dcha. 3/2, trenza izq. 3/2.

H. 19: Repita la hilera 3.

H. 21: Repita la hilera 3.

H. 23: Trenza izq. 5/5.

H. 25: Repita la hilera 3.

H. 27: Repita la hilera 3.

H. 29: Repita la hilera 13.

H. 31: Repita la hilera 3.

H. 33: Repita la hilera 17.

H. 34: Repita la hilera 2.

Repita las hileras 3-34.

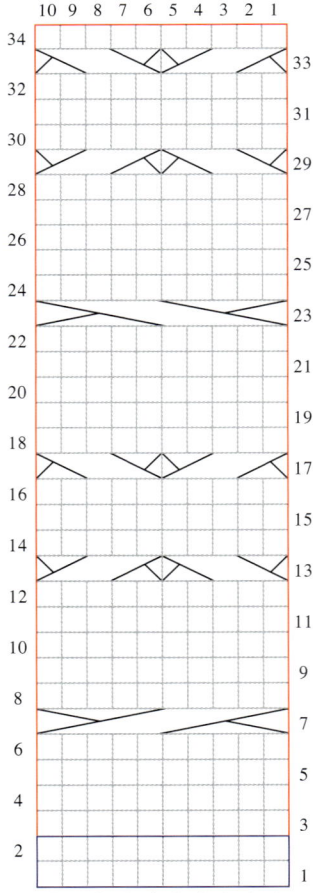

LEYENDA DEL DIAGRAMA:

Hileras base (se hacen una vez)

D: p. del derecho
R: p. del revés

Repetición de 10 p.

Trenza dcha. 5/5

Trenza izq. 3/2

Trenza dcha. 3/2

Trenza izq. 5/5

CAPÍTULO DOS

Combinaciones de trenzas

En este capítulo, tomamos nuestras trenzas clásicas
y las combinamos para crear nuevos diseños
interesantes. Pueden ponerse simplemente juntas,
una al lado de la otra, de manera simétrica
o entrelazadas, para obtener resultados
sorprendentes. También presentamos nuevos
puntos y rellenos con los que podrá ampliar
su repertorio de diseños.

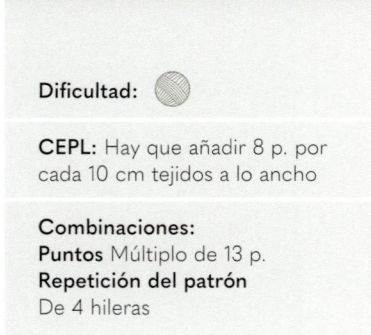

Dificultad:

CEPL: Hay que añadir 8 p. por cada 10 cm tejidos a lo ancho

Combinaciones:
Puntos Múltiplo de 13 p.
Repetición del patrón
De 4 hileras

Marcas de neumático

Este punto aparentemente complejo, con una textura rica y tupida, en realidad solo tiene una hilera con trenzas. Puede crear un excelente panel principal o complementar un panel más grande.

H. 1 (D): Teja puntos del derecho.

H. 2 y todas las hileras R: Teja puntos del revés.

H. 3: Trenza izq. 3/3, 1 d., trenza dcha. 3/3.

H. 5: Repita la hilera 1.

H. 6: Repita la hilera 2.

Repita las hileras 3-6.

LEYENDA DEL DIAGRAMA:

Hileras base (se hacen una vez)

Repetición de 13 p.

Trenza izq. 3/3

D: p. del derecho
R: p. del revés

Trenza dcha. 3/3

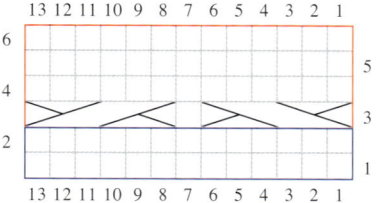

Panel con trenza y calado

Este panel combina trenzas de dos puntos con una sección central calada. Es ideal como panel central único, pero también puede utilizarse a modo de panel repetido en un jersey o como ribete en una chaqueta.

H. 1 (D): 4 d., 1 r., 5 d., 1 r., 4 d.

H. 2 y todas las hileras R: 4 r., 1 d., 5 r., 1 d., 4 r.

H. 3: Trenza dcha. 1/1, trenza izq. 1/1, 1 r., 1 d., laz., [desl. 2 jun., 1 d., pas. enc.], laz., 1 d., 1 r., trenza dcha. 1/1, trenza izq. 1/1.

H. 5: Trenza dcha. 1/1, 2 d., 1 r., 1 d., laz., [desl. 2 jun., 1 d., pas. enc.], laz., 1 d., 1 r., 2 d., trenza izq. 1/1.

Repita las hileras 2-5.

Punto especial

Desl. 2 jun., 1 d., pas. enc., disminución doble centrada: Deslice 2 puntos juntos, 1 d., pase los puntos deslizados por encima.

LEYENDA DEL DIAGRAMA:

☐ Hileras base (se hacen una vez)	• D: p. del revés R: p. del derecho	⧓ Trenza izq. 1/1
☐ D: p. del derecho R: p. del revés	☐ Repetición de 15 p.	O Laz.
	⧑ Trenza dcha. 1/1	⋀ Desl. 2 jun., 1 d., pas. enc.

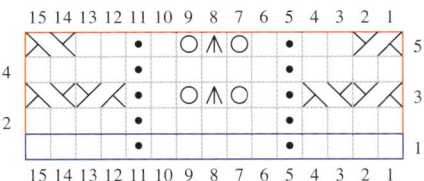

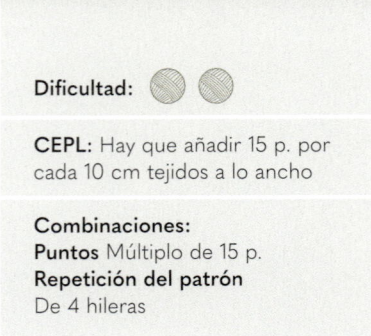

Dificultad:

CEPL: Hay que añadir 15 p. por cada 10 cm tejidos a lo ancho

Combinaciones:
Puntos Múltiplo de 15 p.
Repetición del patrón
De 4 hileras

Trenza de Rapunzel

Esta trenza tan detallada parece difícil de trabajar, pero simplemente consiste en colocar cuidadosamente dos hileras con trenzas. Forma un tejido tupido, así que hay que tejer una muestra precisa si se va a utilizar como panel. También es perfecta para crear el ribete de una chaqueta, puesto que es una zona que requiere un tejido más firme.

H. 1 (D): Teja puntos del derecho.
H. 2 y todas las hileras R: Teja puntos del revés.
H. 3: 3 d., [trenza izq. 3/3] 2 veces.
H. 5: [Trenza dcha. 3/3] 2 veces, 3 d.
H. 6: Repita la hilera 2.
Repita las hileras 3-6.

LEYENDA DEL DIAGRAMA:

Hileras base (se hacen una vez)

Repetición de 15 p.

Trenza dcha. 3/3

D: p. del derecho
R: p. del revés

Trenza izq. 3/3

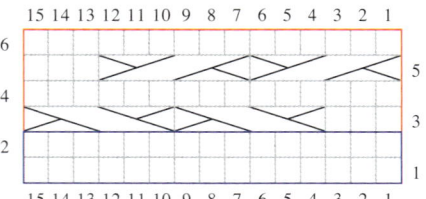

Dificultad:

CEPL: Hay que añadir 7 p. por cada 10 cm tejidos a lo ancho

Combinaciones:
Puntos Múltiplo de 9 p.
Repetición del patrón
De 8 hileras

Trenza triple

Aunque esta trenza formada por tres trenzas entrelazadas tiene mucho relieve, produce un tejido suave que puede trabajarse como panel único, tal vez a lo largo de una manga o en la parte delantera de una prenda de ropa. Pueden trabajarse varias trenzas triples juntas, una al lado de la otra, o como parte de un panel más grande.

H. 1 (D): Teja puntos del derecho.

H. 2 (R.): Teja puntos del revés.

H. 3: Trenza r. izq. 2/1, trenza r. dcha. 2/1, trenza r. izq. 2/1.

H. 4: 2 r., 2 d., 4 r., 1 d.

H. 5: 1 r., trenza dcha. 2/2, 2 r., 2 d.

H. 6: Repita la hilera 4.

H. 7: Trenza r. dcha. 2/1, trenza r. izq. 2/1, trenza r. dcha. 2/1.

H. 8: 1 d., 4 r., 2 d., 2 r.

H. 9: 2 d., 2 r., trenza izq. 2/2, 2 r.

H. 10: Repita la hilera 8.

Repita las hileras 3-10.

LEYENDA DEL DIAGRAMA:

☐ Hileras base (se hacen una vez)

☐ D: p. del derecho
R: p. del revés

☐ Repetición de 9 p.

◺ Trenza r. izq. 2/1

◺ Trenza r. dcha. 2/1

• D: p. del revés
R: p. del derecho

⨯ Trenza dcha. 2/2

⨯ Trenza izq. 2/2

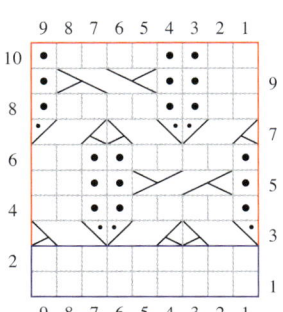

Trenza de relojes de arena envueltos

Dos hileras de puntos envueltos añaden interés a lo que de otro modo sería una trenza normal. Los puntos de las trenzas se hacen tanto con puntos del derecho como del revés, los cuales son un poco más laboriosos de tejer. Esto permite que el diseño de la trenza fluya sin interrupción sobre el fondo a punto del revés.

Dificultad:

CEPL: Hay que añadir 6 p. por cada 10 cm tejidos a lo ancho

Combinaciones:
Puntos Múltiplo de 8 p.
Repetición del patrón
De 10 hileras

H. 1 (D): 2 r., 4 d., 2 r.

H. 2 (R.): 2 d., 4 r., 2 d.

H. 3: 1 r., trenza r. dcha. 2/1, trenza r. izq. 2/1, 1 r.

H. 4: 1 d., 2 r., 2 d., 2 r., 1 d.

H. 5: Trenza r. dcha. 2/1, 2 r., trenza r. izq. 2/1.

H. 6: 2 r., 4 d., 2 r.

H. 7: Trenza r. izq. 2/1, 2 r., trenza r. dcha. 2/1.

H. 8: Repita la hilera 4.

H. 9: 1 r., trenza r. izq. 2/1, trenza r. dcha. 2/1, 1 r.

H. 10: Repita la hilera 2.

H. 11: 2 r., env. 4, 2 r.

H. 12: 2 d., env. 4, 2 d.

Repita las hileras 3-12.

Puntos especiales

Env. 4: En D, deslice 4 puntos con el hilo por detrás, pase el hilo hacia delante, pase los 4 puntos de nuevo a la aguja izq. y haga 4 d.

Env. 4: En R, deslice 4 puntos con el hilo por detrás, pase el hilo hacia delante, pase los 4 puntos de nuevo a la aguja izq. y haga 4 r.

LEYENDA DEL DIAGRAMA:

☐ Hileras base (se hacen una vez)

• D: p. del revés
R: p. del derecho

☐ D: p. del derecho
R: p. del revés

☐ Repetición de 8 p.

Trenza r. izq. 2/1

Env. 4

Trenza r. dcha. 2/1

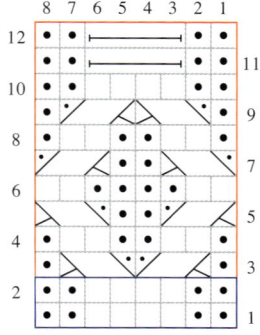

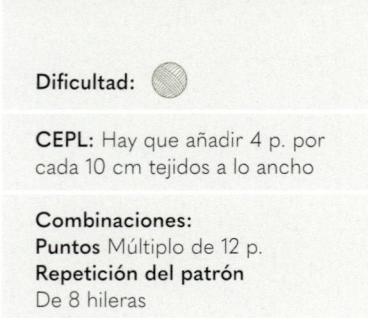

Dificultad:

CEPL: Hay que añadir 4 p. por cada 10 cm tejidos a lo ancho

Combinaciones:
Puntos Múltiplo de 12 p.
Repetición del patrón
De 8 hileras

Vértebras

Cuesta creer que este punto de textura tan bonita solo tenga una hilera con trenzas. Produce un tejido con mucho relieve que suele utilizarse como panel único, pero, si crea una muestra precisa, puede llegar a aplicarlo como patrón integral.

H. 1 (D): Teja puntos del derecho.

H. 2 (R.): Teja puntos del revés.

H. 3: Repita la hilera 1.

H. 4: Repita la hilera 2.

H. 5: Repita la hilera 1.

H. 6: Repita la hilera 2.

H. 7: Trenza dcha. 3/3, trenza izq. 3/3.

H. 8: Repita la hilera 2.

Repita las hileras 1-8.

LEYENDA DEL DIAGRAMA:

Repetición de 12 p.

D: p. del derecho
R: p. del revés

Trenza dcha. 3/3

Trenza izq. 3/3

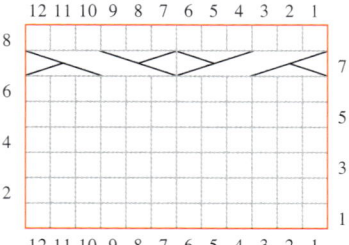

Vértebras invertidas de 12 puntos

Compare este punto con el de la página opuesta y verá que lo único que cambia es la disposición de las dos columnas. Para invertir la trenza, primero teja la trenza retorcida a la izquierda (por delante) y luego la trenza retorcida a la derecha (por detrás). Combinados, estos dos puntos son ideales para formar un interesante patrón integral.

H. 1 (D): Teja puntos del derecho.

H. 2 (R.): Teja puntos del revés.

H. 3: Repita la hilera 1.

H. 4: Repita la hilera 2.

H. 5: Repita la hilera 1.

H. 6: Repita la hilera 2.

H. 7: Trenza izq. 3/3, trenza dcha. 3/3.

H. 8: Repita la hilera 2.

Repita las hileras 1-8.

LEYENDA DEL DIAGRAMA:

Repetición de 12 p.

D: p. del derecho
R: p. del revés

Trenza izq. 3/3

Trenza dcha. 3/3

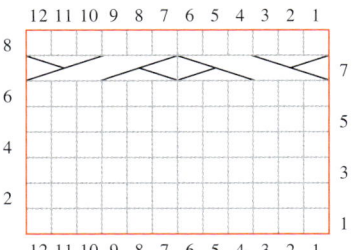

CEPL: Hay que añadir 11 p. por cada 10 cm tejidos a lo ancho

Combinaciones:
Puntos Múltiplo de 22 p.
Repetición del patrón
De 10 hileras

Trenza elástica en horquilla de 16 puntos

Ambas caras son igual de espectaculares, así que tendrá que elegir su favorita. Solo tiene una hilera con trenzas, pero hay que prestar atención para asegurarse de que el elástico y las columnas queden alineadas.

H. 1 (D): 1 r., 2 d., 1 r., [2 d., 2 r.] 3 veces, 2 d., 1 r., 2 d., 1 r.

H. 2 (R.): 1 d., 2 r., 1 d., [2 r., 2 d.] 3 veces, 2 r., 1 d., 2 r., 1 d.

H. 3: Repita la hilera 1.

H. 4: Repita la hilera 2.

H. 5: Repita la hilera 1.

H. 6: Repita la hilera 2.

H. 7: Repita la hilera 1.

H. 8: Repita la hilera 2.

H. 9: 1 r., 2 d., trenza elást. doble dcha. 4/4, trenza elást. doble izq. 4/4, 2 d., 1 r.

H. 10: Repita la hilera 2.

Repita las hileras 1-10.

Puntos especiales

Trenza elást. doble izq. 4/4: Pase los 4 puntos siguientes a la aguja aux. y sujétela por delante de la labor, haga [1 r., 2 d., 1 r.] y en la aguja aux. 1 r., 2 d., 1 r.

Trenza elást. doble dcha. 4/4: Pase los 4 puntos siguientes a la aguja aux. y sujétela por detrás de la labor, haga [1 r., 2 d., 1 r.] y en la aguja aux. 1 r., 2 d., 1 r.

LEYENDA DEL DIAGRAMA:

Repetición de 22 p.

Trenza elást. doble dcha. 4/4

D: p. del revés
R: p. del derecho

Trenza elást. doble izq. 4/4

D: p. del derecho
R: p. del revés

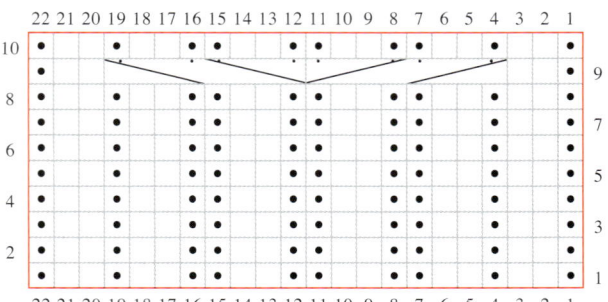

CEPL: Hay que añadir 6 p. por cada 10 cm tejidos a lo ancho

Combinaciones:
Puntos Múltiplo de 22 p.
Repetición del patrón
De 10 hileras

Trenza de relojes de arena elástica de 16 puntos

Este es otro punto fascinante que, debido al tejido elástico, queda igual de bonito por ambas caras. Una de ellas (la del fondo de puntos lisos del revés) tiene una textura un poco más suave, mientras que la de la otra (de puntos lisos) es más profunda y el diseño acanalado del elástico resulta más visible. Puede ser muy eficaz para añadir un puño o un ribete elásticos de 2 × 2.

H. 1 (D): 1 r., 2 d., 1 r., [2 d., 2 r.] 3 veces, 2 d., 1 r., 2 d., 1 r.

H. 2 y todas las hileras R: 1 d., 2 r., 1 d., [2 r., 2 d.] 3 veces, 2 r., 1 d., 2 r., 1 d.

H. 3: Repita la hilera 1.

H. 5: 1 r., 2 d., trenza elást. doble dcha. 4/4, trenza elást. doble izq. 4/4, 2 d., 1 r.

H. 7: Repita la hilera 1.

H. 9: 1 r., 2 d., trenza elást. doble izq. 4/4, trenza elást. doble dcha. 4/4, 2 d., 1 r.

H. 10: Repita la hilera 2.

Repita las hileras 1-10.

Puntos especiales

Trenza elást. doble izq. 4/4: Pase los 4 puntos siguientes a la aguja aux. y sujétela por delante de la labor, haga [1 r., 2 d., 1 r.] y en la aguja aux. 1 r., 2 d., 1 r.

Trenza elást. doble dcha. 4/4: Pase los 4 puntos siguientes a la aguja aux. y sujétela por detrás de la labor, haga [1 r., 2 d., 1 r.] y en la aguja aux. 1 r., 2 d., 1 r.

LEYENDA DEL DIAGRAMA:

Repetición de 22 p.

D: p. del revés
R: p. del derecho

D: p. del derecho
R: p. del revés

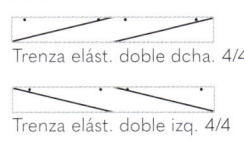
Trenza elást. doble dcha. 4/4

Trenza elást. doble izq. 4/4

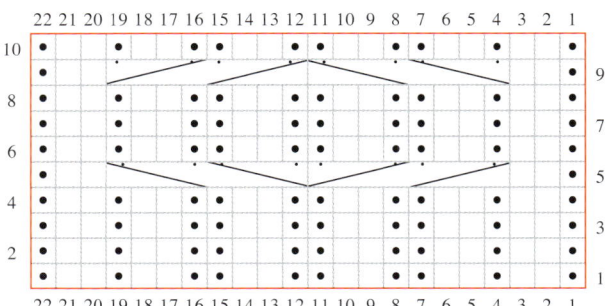

CEPL: Hay que añadir 6 p. por cada 10 cm tejidos a lo ancho

Combinaciones:
Puntos Múltiplo de 6 p.
Repetición del patrón
De 10 hileras

Trenza encadenada

Una trenza pulcra y ordenada que puede utilizarse como motivo único o combinarse para formar un panel más grande. La hilera con la trenza es un poco complicada porque supone mover la trenza dos veces e incluye tanto puntos del derecho como del revés.

H. 1 (D): 2 d., 2 r., 2 d.
H. 2 (R): 2 r., 2 d., 2 r.
H. 3: Repita la hilera 1.
H. 4: Repita la hilera 2.
H. 5: Trenza r. dcha. 2/2/2.
H. 6: Repita la hilera 2.
H. 7: Repita la hilera 1.
H. 8: Repita la hilera 2.
H. 9: Repita la hilera 1.
H. 10: Repita la hilera 2.
H. 11: Repita la hilera 1.
H. 12: Repita la hilera 2.
Repita las hileras 3-12.

Punto especial

Trenza r. dcha. 2/2/2: Pase los 4 puntos siguientes a la aguja aux. y sujétela por delante de la labor, haga 2 d., deslice los 2 puntos que están más a la izq. de la aguja aux. a la aguja izq., pase hacia detrás de la labor la aguja aux. con los puntos restantes, haga 2 r. en la aguja izq. y 2 d. en la aguja aux.

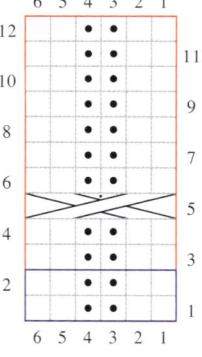

LEYENDA DEL DIAGRAMA:

Hileras base (se hacen una vez)

D: p. del derecho
R: p. del revés

•
D: p. del revés
R: p. del derecho

Repetición de 6 p.

Trenza r. dcha. 2/2/2

Dificultad:

CEPL: Hay que añadir 4 p. por cada 10 cm tejidos a lo ancho

Combinaciones:
Puntos Múltiplo de 13 p.
Repetición del patrón
De 16 hileras

Reloj de arena

Este punto tan llamativo crea un encantador diseño suave y fluido. Al espaciar las hileras con trenzas (solo hay dos en cada repetición), se obtiene un efecto muy abierto y opulento. Puede utilizarlo como motivo central o tal vez combinar dos con una colmena o con una sección calada para crear un bonito panel enmarcado.

H. 1 (D): Teja puntos del derecho.

H. 2 y todas las hileras R: Teja puntos del revés.

H. 3: Repita la hilera 1.

H. 5: Trenza izq. 3/3, 1 d., trenza dcha. 3/3.

H. 7: Repita la hilera 1.

H. 9: Repita la hilera 1.

H. 11: Repita la hilera 1.

H. 13: Trenza dcha. 3/3, 1 d., trenza izq. 3/3.

H. 15: Repita la hilera 1.

H. 16: Repita la hilera 2.

Repita las hileras 1-16.

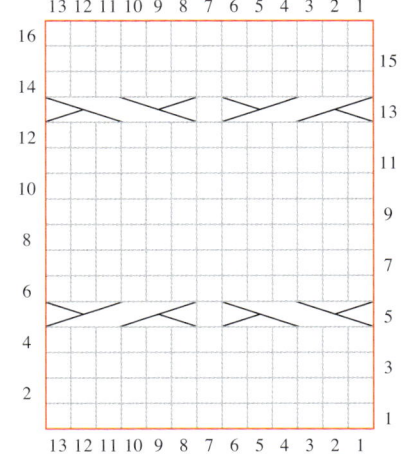

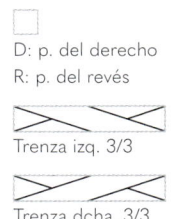

LEYENDA DEL DIAGRAMA:

Repetición de 13 p.

D: p. del derecho
R: p. del revés

Trenza izq. 3/3

Trenza dcha. 3/3

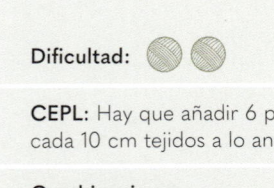

Dificultad:

CEPL: Hay que añadir 6 p. por cada 10 cm tejidos a lo ancho

Combinaciones:
Puntos Múltiplo de 22 p.
Repetición del patrón
De 8 hileras

Trenza de cuernos de ciervo

Se trata de una trenza ancha con una repetición de 22 puntos. A solas, crea un patrón espectacular, pero también puede combinarse con otras trenzas estrechas para formar un eficaz panel grande.

H. 1 (D): Teja puntos del derecho.

H. 2 (R): Teja puntos del revés.

H. 3 y 4: Repita las hileras 1 y 2.

H. 5: 6 d., trenza dcha. 3/2, trenza izq. 3/2, 6 d.

H. 6: Repita la hilera 2.

H. 7: 4 d., trenza dcha. 3/2, 4 d., trenza izq. 3/2, 4 d.

H. 8: Repita la hilera 2.

H. 9: 2 d., trenza dcha. 3/2, 8 d., trenza izq. 3/2, 2 d.

H. 10: Repita la hilera 2.

H. 11: Trenza dcha. 3/2, 12 d., trenza izq. 3/2.

H. 12: Repita la hilera 2.

Repita las hileras 5-12.

LEYENDA DEL DIAGRAMA:

Hileras base (se hacen una vez)

Repetición de 22 p.

D: p. del derecho
R: p. del revés

Trenza dcha. 3/2

Trenza izq. 3/2

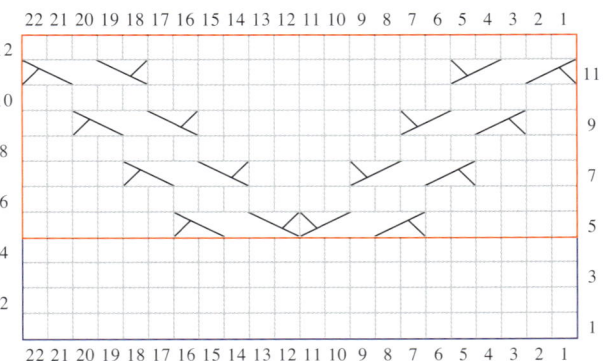

Dificultad:

CEPL: Hay que añadir 0 p. por cada 10 cm tejidos a lo ancho

Combinaciones:
Puntos Múltiplo de 8 p.
Repetición del patrón
De 20 hileras

Trenza y punto liso cruzados

Este diseño estrecho solo tiene una trenza, pero el relleno central que forma una escalera de puntos lisos y puntos lisos del revés le da interés. También podría rellenarlo completamente con puntos bobos o ajustar la longitud entre las repeticiones para incorporarlo a un panel con otros puntos.

H. 1 (D): Teja puntos del derecho.

H. 2 (R.): Teja puntos del revés.

H. 3: Repita la hilera 1.

H. 4: Repita la hilera 2.

H. 5: Trenza izq. 4/4.

H. 6: Repita la hilera 2.

H. 7: Repita la hilera 1.

H. 8: Repita la hilera 2.

H. 9: Repita la hilera 1.

H. 10: 2 r., 4 d., 2 r.

H. 11: 2 d., 4 r., 2 d.

H. 12: Repita la hilera 10.

H. 13: Repita la hilera 1.

H. 14-20: Repita las hileras 6-12.

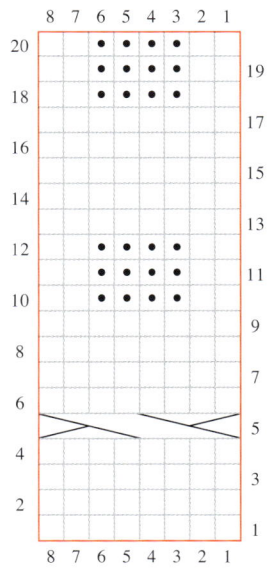

LEYENDA DEL DIAGRAMA:

Repetición de 8 p.

D: p. del derecho
R: p. del revés

Trenza izq. 4/4

• D: p. del revés
R: p. del derecho

Corazón retorcido

Este es un punto complejo, ya que incorpora varias trenzas estándar y otras que combinan puntos del derecho y del revés. No obstante, se obtiene un diseño impresionante que resulta ideal como motivo central de una labor.

Dificultad:

CEPL: Hay que añadir 7 p. por cada 10 cm tejidos a lo ancho

Combinaciones:
Puntos Múltiplo de 24 p.
Repetición del patrón
De 20 hileras

H. 1 (D): 9 r., 6 d., 9 r.

H. 2 (R.): 9 d., 6 r., 9 d.

H. 3: Repita la hilera 1.

H. 4: Repita la hilera 2.

H. 5: Repita la hilera 1.

H. 6: Repita la hilera 2.

H. 7: 9 r., trenza dcha. 3/3, 9 r.

H. 8: Repita la hilera 2.

H. 9: 6 r., trenza dcha. 3/3, trenza izq. 3/3, 6 r.

H. 10: 6 d., 12 r., 6 d.

H. 11: 3 r., trenza r. dcha. 3/3, 6 d., trenza r. izq. 3/3, 3 r.

H. 12: 3 d., 3 r., 3 d., 6 r., 3 d., 3 r., 3 d.

H. 13: 1 r., trenza r. dcha. 3/2, 3 r., trenza dcha. 3/3, 3 r., trenza r. izq. 3/2, 1 r.

H. 14: 1 d., 3 r., 5 d., 6 r., 5 d., 3 r., 1 d.

H. 15: Trenza r. dcha. 3/1, 5 r., 6 d., 5 r., trenza r. izq. 3/1.

H. 16: 3 r., 6 d., 6 r., 6 d., 3 r.

H. 17: 3 d., 6 r., trenza dcha. 3/3, 6 r., 3 d.

H. 18: Repita la hilera 16.

H. 19: Trenza r. izq. 3/3, trenza dcha. 3/3, trenza izq. 3/3, trenza r. dcha. 3/3.

H. 20: Repita la hilera 2.

Repita las hileras 1-20.

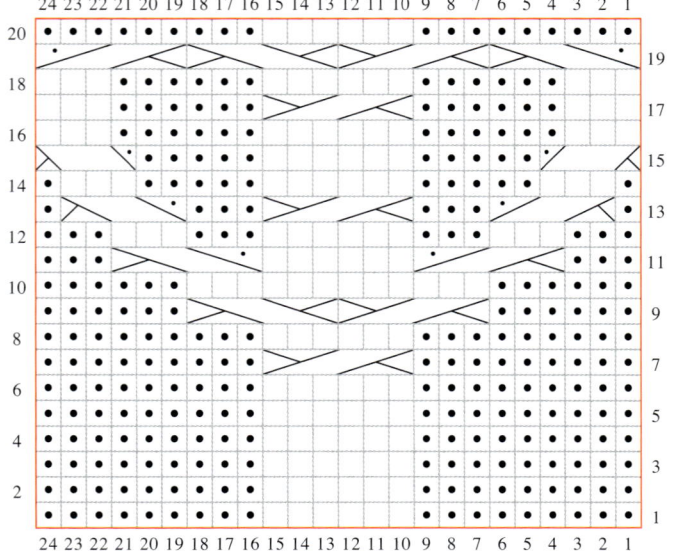

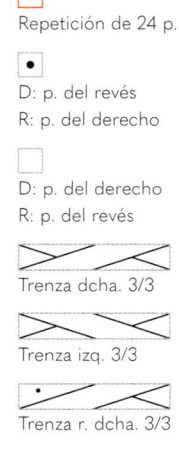

LEYENDA DEL DIAGRAMA:

Repetición de 24 p.

Trenza r. izq. 3/3

·
D: p. del revés
R: p. del derecho

Trenza r. dcha. 3/2

D: p. del derecho
R: p. del revés

Trenza r. izq. 3/2

Trenza dcha. 3/3

Trenza r. dcha. 3/1

Trenza izq. 3/3

Trenza r. izq. 3/1

Trenza r. dcha. 3/3

CEPL: Hay que añadir 4 p. por cada 10 cm tejidos a lo ancho

Combinaciones:
Puntos Múltiplo de 12 p.
Repetición del patrón
De 28 hileras

Trenza elástica con punto bobo envuelto

Para tejer este diseño tan tupido y con tanta textura solo se necesitan dos tipos de trenzas. Para que el patrón quede alineado hay que prestar atención a los puntos elásticos y los puntos bobos.

H. 1 (D): [1 d., 1 r.] 2 veces, 4 d., [1 r., 1 d.] 2 veces.

H. 2 y todas las hileras R: 1 r., 1 d., 1 r., 6 d., 1 r., 1 d., 1 r.

H. 3: Repita la hilera 1.

H. 5: [1 d., 1 r.] 2 veces, trenza izq. 4/4.

H. 7: Trenza dcha. 4/4, [1 r., 1 d.] 2 veces.

H. 9: Repita la hilera 1.

H. 11: Repita la hilera 1.

H. 13: Repita la hilera 1.

H. 15: Repita la hilera 1.

H. 17: Repita la hilera 1.

H. 19: Trenza izq. 4/4, [1 r., 1 d.] 2 veces.

H. 21: [1 d., 1 r.] 2 veces, trenza dcha. 4/4.

H. 23: Repita la hilera 1.

H. 25: Repita la hilera 1.

H. 27: Repita la hilera 1.

H. 28: Repita la hilera 2.

Repita las hileras 1-28.

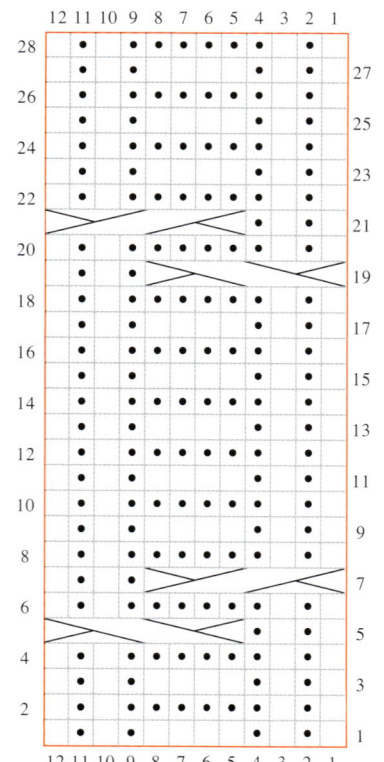

LEYENDA DEL DIAGRAMA:

▢ Repetición de 12 p.

▢ D: p. del derecho
R: p. del revés

• D: p. del revés
R: p. del derecho

⤫ Trenza izq. 4/4

⤫ Trenza dcha. 4/4

Dificultad:

CEPL: Hay que añadir 4 p. por cada 10 cm tejidos a lo ancho

Combinaciones:
Puntos Múltiplo de 13 p.
Repetición del patrón
De 4 hileras

Trenza de zarcillos simétricos

Este impresionante patrón está compuesto por solo un par de trenzas de dos puntos, una inclinada a la izquierda y la otra a la derecha. Puede experimentar creando paneles individuales o modificar la orientación de las inclinaciones para obtener una gran variedad de nuevo diseños.

H. 1 (D): [Trenza dcha. 1/1] 3 veces, 1 r., [trenza izq. 1/1.] 3 veces.

H. 2 (R.): 6 r., 1 d., 6 r.

H. 3: 1 d., [trenza dcha. 1/1] 2 veces, 1 d., 1 r., 1 d., [trenza izq. 1/1.] 2 veces, 1 d.

H. 4: Repita la hilera 2.

Repita las hileras 1-4.

LEYENDA DEL DIAGRAMA:

☐ Repetición de 13 p.	• D: p. del revés / R: p. del derecho	☐ D: p. del derecho / R: p. del revés
⟍⟋ Trenza dcha. 1/1	⟍⟋ Trenza izq. 1/1	

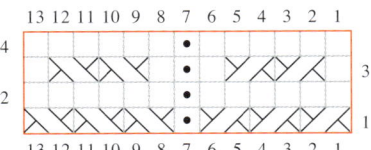

Dificultad:

CEPL: Hay que añadir 2 p. por cada 10 cm tejidos a lo ancho

Combinaciones:
Puntos Múltiplo de 13 p.
Repetición del patrón
De 16 hileras

Celosía rellena de punto arroz

El punto arroz de relleno realza esta sencilla celosía, dándole un toque interesante. Puede emplearse como panel único o combinarse para obtener un diseño integral.

H. 1 (D): 4 r., 5 d., 4 r.

H. 2 (R.): 4 d., 5 r., 4 d.

H. 3: 3 r., trenza dcha. 2/1, 1 r., trenza izq. 2/1, 3 r.

H. 4: 3 d., 2 r., 1 d., 1 r., 1 d., 2 r., 3 d.

H. 5: 2 r., trenza r. dcha. 2/1, 1 d., 1 r., 1 d., trenza r. izq. 2/1, 2 r.

H. 6: 2 d., 3 r., 1 d., 1 r., 1 d., 3 r., 2 d.

H. 7: 1 r., trenza dcha. 2/1, [1 r., 1 d.] 2 veces, 1 r., trenza izq. 2/1, 1 r.

H. 8: 1 d., 2 r., [1 d., 1 r.] 3 veces, 1 d., 2 r., 1 d.

H. 9: Trenza r. dcha. 2/1, [1 d., 1 r.] 3 veces, 1 d., trenza r. izq. 2/1.

H. 10: 3 r., [1 d., 1 r.] 3 veces, 1 d., 3 r.

H. 11: Trenza izq. 2/1, [1 d., 1 r.] 3 veces, 1 d., trenza dcha. 2/1.

H. 12: Repita la hilera 8.

H. 13: 1 r., trenza izq. 2/1, [1 r., 1 d.] 2 veces, 1 r., trenza dcha. 2/1, 1 r.

H. 14: Repita la hilera 6.

H. 15: 2 r., trenza izq. 2/1, 1 d., 1 r., 1 d., trenza dcha. 2/1, 2 r.

H. 16: Repita la hilera 4.

H. 17: 3 r., trenza izq. 2/1, 1 r., trenza dcha. 2/1, 3 r.

H. 18: 4 d., 5 r., 4 d.

Repita las hileras 3-18.

LEYENDA DEL DIAGRAMA:

Hileras base (se hacen una vez)

D: p. del derecho
R: p. del revés

Repetición de 13 p.

• D: p. del revés
R: p. del derecho

 Trenza dcha. 2/1

Trenza izq. 2/1

Trenza r. dcha. 2/1

Trenza r. izq. 2/1

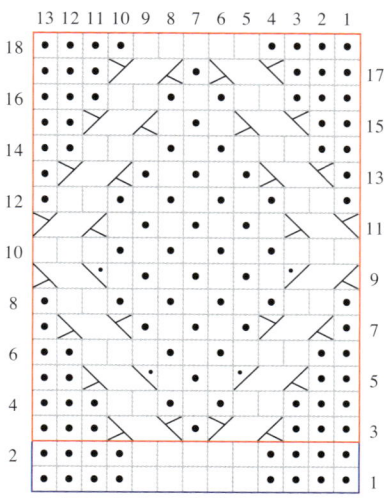

CEPL: Hay que añadir 10 p. por cada 10 cm tejidos a lo ancho

Combinaciones:
Puntos Múltiplo de 16 p.
Repetición del patrón
De 18 hileras

Alga

Esta trenza de nivel avanzado es compleja de trabajar, pero crea un suave y precioso diseño entrelazado que recuerda a hojas o algas ondulantes. Una sola repetición queda bien a modo de borde inferior de un jersey o de una chaqueta.

H. 1 (D): Teja puntos del derecho.

H. 2 (R.): Teja puntos del revés.

H. 3: 6 r., 6 d., 4 r.

H. 4: 4 d., 6 r., 6 d.

H. 5: 3 r., trenza r. dcha. 3/3, trenza dcha. 2/1, 4 r.

H. 6: 4 d., [3 r., 3 d.] 2 veces.

H. 7: 3 r., 3 d., 3 r., trenza r. izq. 3/2, 2 r.

H. 8: 2 d., 3 r., 5 d., 3 r., 3 d.

H. 9: Trenza r. dcha. 3/3, trenza dcha. 1/1, 3 r., trenza r. izq. 3/1, 1 r.

H. 10: 1 d., 3 r., 4 d., 2 r., 3 d., 3 r.

H. 11: 3 d., 3 r., trenza r. izq. 2/3, 1 r., trenza r. izq. 3/1.

H. 12: 3 r., 2 d., 2 r., 6 d., 3 r.

H. 13: Trenza r. izq. 3/2, 4 r., 2 d., trenza r. dcha. 2/2.

H. 14: 2 d., 5 r., 4 d., 3 r., 2 d.

H. 15: Trenza r. dcha. 3/2, 4 r., trenza r. izq. 3/2.

H. 16: 2 d., 3 r., 8 d., 3 r.

H. 17: Trenza izq. 2/1, 6 r., trenza r. dcha. 3/2, 2 r.

H. 18: 4 d., 3 r., 6 d., 2 r., 1 d.

H. 19: 1 r., trenza dcha. 1/1, 3 r., trenza dcha. 3/3, 4 r.

H. 20: Repita la hilera 4.

Repita las hileras 3-20.

LEYENDA DEL DIAGRAMA:

- ☐ Hileras base (se hacen una vez)
- ☐ D: punto del derecho R: punto del revés
- ☐ Repetición de 16 p.
- • D: p. del revés R: p. del derecho

Trenza r. dcha. 3/3

Trenza dcha. 2/1

Trenza r. izq. 3/2

Trenza dcha. 1/1

Trenza r. izq. 3/1

Trenza r. izq. 2/3

Trenza r. dcha. 3/2

Trenza izq. 2/1

Trenza dcha. 3/3

CAPÍTULO TRES

Paneles integrales

Continuando con las combinaciones, pasemos a las maneras de utilizar trenzas simples para crear paneles más grandes y complejos. Al incorporar puntos de relleno y trenzas entrelazadas, obtenemos un abanico de posibilidades para experimentar con trenzas que pueden usarse para formar patrones integrales de prendas de ropa y artículos para el hogar.

Espiga de trigo

Unas sencillas trenzas combinadas con puntos retorcidos crean lo que parecen espigas de trigo meciéndose bajo el sol de verano.

Dificultad:

CEPL: Hay que añadir 13 p. por cada 10 cm tejidos a lo ancho

Combinaciones:
Puntos Múltiplo de 11 p.
Repetición del patrón
De 32 hileras

H. 1 (D): 1 r., 4 d., 6 r.

H. 2 (R.): 6 d., 4 r., 1 d.

H. 3-6: Repita las hileras 1 y 2.

H. 7: 1 r., trenza izq. 4/1/4, 1 r.

H. 8: 1 d., 9 r., 1 d.

H. 9: 1 r., trenza dcha. 2/2, 1 d., trenza izq. 2/2, 1 r.

H. de 10-15: Repita las hileras 8 y 9.

H. 16: Repita la hilera 8.

H. 17: 6 r., 4 d., 1 r.

H. 18: 1 d., 4 r., 6 d.

H. de 19-22: Repita las hileras 17 y 18.

H. 23: 1 r., trenza dcha. 4/1/4, 1 r.

H. 24: Repita la hilera 8.

H. 25: Repita la hilera 9.

H. 26-31: Repita las hileras 24 y 25.

H. 32: Repita la hilera 8.

Repita las hileras 1-32.

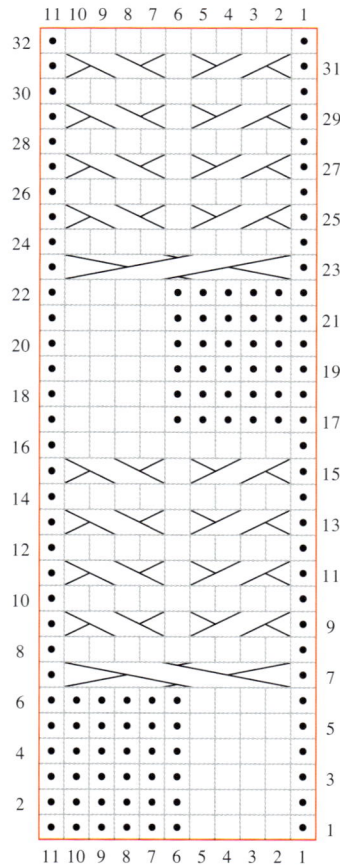

LEYENDA DEL DIAGRAMA:

Repetición de 11 p.

•
D: p. del revés
R: p. del derecho

D: p. del derecho
R: p. del revés

Trenza izq. 4/1/4

Trenza dcha. 2/2

Trenza izq. 2/2

Trenza dcha. 4/1/4

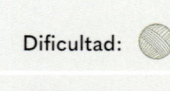

Dificultad:

CEPL: Hay que añadir 9 p. por cada 10 cm tejidos a lo ancho

Combinaciones:
Puntos Múltiplo de 7 p.
Repetición del patrón
De 20 hileras

Husos

Clásica y elegante, la trenza de husos puede trabajarse como parte de un panel, pero también queda preciosa a lo largo de una manga o a modo de ribete.

H. 1 (D): [1 d., 1 r.] 3 veces, 1 d.

H. 2 (R.): [1 r., 1 d.] 3 veces, 1 d.

H. 3: Trenza r. izq. 3/1/3.

H. 4: 3 r., 1 d., 3 r.

H. 5: 3 d., 1 r., 3 d.

H. 6: Repita la hilera 4.

H. 7: Trenza r. izq. 3/1/3.

H. 8-11: Repita las hileras 4-7.

H. 12: Repita la hilera 2.

H. 13: Repita la hilera 1.

H. 14-19: Repita las hileras 12 y 13.

H. 20: Repita la hilera 2.

Repita las hileras 1-20.

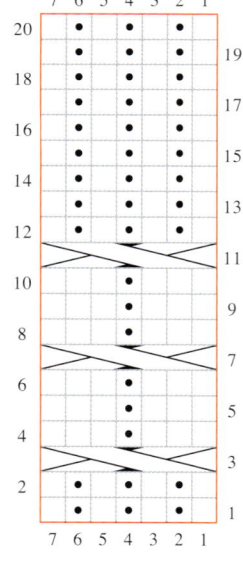

LEYENDA DEL DIAGRAMA:

Repetición de 7 p.

D: p. del derecho
R: p. del revés

• D: p. del revés
R: p. del derecho

Trenza r. izq. 3/1/3

Dificultad:

CEPL: Hay que añadir 8 p. por cada 10 cm tejidos a lo ancho

Combinaciones:
Puntos Múltiplo de 10 p.
Repetición del patrón
De 11 hileras

Ondas de radio

Este sencillo patrón solo tiene dos trenzas trabajadas en la misma hilera. Lo que lo hace interesante es la incorporación de puntos elásticos en la repetición. Ideal para un panel único tejido a lo largo de una manga o a modo de ribete, es también lo suficientemente suave como para formar un patrón integral.

H. 1 (D): 1 r., 2 d., 2 r., 1 d., 2 r., 2 d., 1 r.
H. 2 (R.): 1 d., 2 r., 2 d., 1 r., 2 d., 2 r., 1 d.
H. 3-8: Repita las hileras 1 y 2.
H. 9: 1 r., trenza izq. 2/2, 1 d., trenza dcha. 2/2, 1 r.
H. 10: 1 d., 9 r., 1 d.
Repita las hileras 1-10.

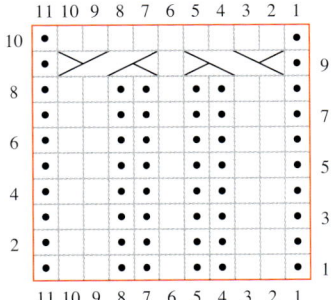

LEYENDA DEL DIAGRAMA:

Repetición de 11 p.

•
D: p. del revés
R: p. del derecho

D: punto del derecho
R: punto del revés

Trenza izq. 2/2

Trenza dcha. 2/2

Dificultad:

CEPL: Hay que añadir 6 p. por cada 10 cm tejidos a lo ancho

Combinaciones:
Puntos Múltiplo de 10 p.
Repetición del patrón
De 18 hileras

Cesta de mimbre

Retorciendo delicadamente un solo punto, se obtiene una trenza intrincada. Aunque es muy detallada, no queda tupida; crea un tejido lo suficientemente ligero como para formar un panel integral.

H. 1 (D): 1 d., 3 r., 2 d., 3 r., 1 d.

H. 2 (R.): 1 r., 3 d., 2 r., 3 d., 1 r.

H. 3: 1 d., 2 r., trenza r. dcha. 1/1, trenza r. izq. 1/1, 2 r., 1 d.

H. 4: [1 r., 2 d.] 3 veces, 1 r.

H. 5: 1 d., 1 r., trenza r. dcha. 1/1, 2 r., trenza r. izq. 1/1, 1 r., 1 d.

H. 6: 1 r., 1 d., 1 r., 4 d., 1 r., 1 d., 1 r.

H. 7: 1 d., trenza r. dcha. 1/1, 4 r., trenza r. izq. 1/1, 1 d.

H. 8: 2 r., 6 d., 2 r.

H. 9: Trenza dcha. 1/1, 6 r., trenza izq. 1/1.

H. 10: [2 r., 2 d.] 2 veces, 2 r.

H. 11: Trenza r. izq. 1/1, 2 r., 2 d., 2 r., trenza r. dcha. 1/1.

H. 12: 1 d., 1 r., 2 d., 2 r., 2 d., 1 r., 1 d.

H. 13: 1 r., trenza r. izq. 1/1, 1 r., 2 d., 1 r., trenza r. dcha. 1/1, 1 r.

H. 14: 2 d., 1 r., 1 d., 2 r., 1 d., 1 r., 2 d.

H. 15: 2 r., trenza r. izq. 1/1, 2 d., trenza r. dcha. 1/1, 2 r.

H. 16: 3 d., 4 r., 3 d.

H. 17: 3 r., trenza r. izq. 1/1, trenza r. dcha. 1/1, 3 r.

H. 18: 4 d., 2 r., 4 d.

Repita las hileras 1-18.

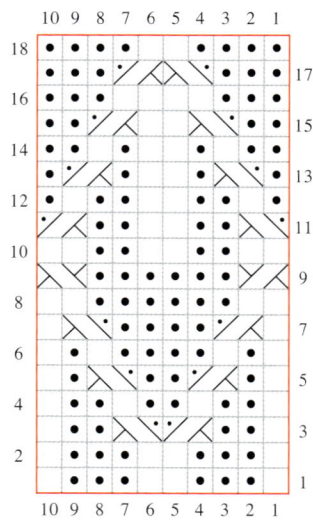

LEYENDA DEL DIAGRAMA:

Repetición de 10 p.

D: p. del derecho
R: p. del revés

D: p. del revés
R: p. del derecho

Trenza r. dcha. 1/1

Trenza r. izq. 1/1

Trenza dcha. 1/1

Trenza izq. 1/1

Dificultad:

CEPL: Hay que añadir 9 p. por cada 10 cm tejidos a lo ancho

Combinaciones:
Puntos Múltiplo de 8 p.
Repetición del patrón
De 8 hileras

Marea baja

Este tejido con tanta textura se crea a partir de dos sencillas trenzas trabajadas en dos hileras. Forma un magnífico diseño integral, pero puede dividirse en repeticiones más pequeñas y combinarse con otros puntos.

H. 1 (D): Teja puntos del derecho.
H. 2 y todas las hileras R: Teja puntos del revés.
H. 3: 2 d., trenza dcha. 2/2, 2 d.
H. 5: Teja puntos del derecho.
H. 7: Trenza izq. 2/2, 4 d.
H. 8: Teja puntos del revés.
Repita las hileras 1-8.

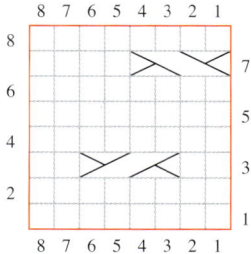

LEYENDA DEL DIAGRAMA:

Repetición de 8 p.

D: p. del derecho
R: p. del revés

Trenza dcha. 2/2

Trenza izq. 2/2

Rejilla con grecas

Llamativos rombos en relieve hechos con trenzas que se entrecruzan sobre un fondo de cruces tejidas a punto liso.

Dificultad:

CEPL: Hay que añadir 0 p. por cada 10 cm tejidos a lo ancho

Combinaciones:
Puntos Múltiplo de 12 p. más 12 p.
Repetición del patrón
De 20 hileras

H. 1 (D): 3 r., trenza dcha. 2/1, trenza izq. 2/1, *2 r., 2 d., 2 r., trenza dcha. 2/1, trenza izq. 2/1; repita desde * hasta que queden 3 p.; 3 r.

H. 2 (R.): 3 d., 2 r., *4 r., [2 d., 2 r.] 2 veces; repita desde * hasta que queden 7 p.; 4 r., 3 d.

H. 3: 2 r., trenza r. dcha. 2/1, 2 d., *trenza r. izq. 2/1, 1 r., 2 d., 1 r., trenza r. dcha. 2/1, 2 d.; repita desde * hasta que queden 5 p.; trenza r. izq. 2/1, 2 r.

H. 4: 2 d., 2 r., 1 d., *[2 r., 1 d.] 4 veces; repita desde * hasta que queden 7 p.; 2 r., 1 d., 2 r., 2 d.

H. 5: 1 r., trenza r. dcha. 2/1, 1 r., 2 d., *1 r., trenza r. izq. 2/1, 2 d., trenza r. dcha. 2/1, 1 r., 2 d.; repita desde * hasta que queden 5 p.; 1 r., trenza r. izq. 2/1, 1 r.

H. 6: 1 d., 2 r., 2 d., *2 r., 2 d., 6 r., 2 d.; repita desde * hasta que queden 7 p.; 2 r., 2 d., 2 r., 1 d.

H. 7: Trenza r. dcha. 2/1, 2 r., 2 d., *2 r., trenza r. izq. 2/1, trenza r. dcha. 2/1, 2 r., 2 d.; repita desde * hasta que queden 5 p.; 2 r., trenza r. izq. 2/1.

H. 8: Teja puntos del revés.

H. 9: 7 d., *3 d., trenza izq. 2/2, 5 d.; repita desde * hasta que queden 5 p.; 5 d.

H. 10: Teja puntos del revés.

H. 11: Trenza r. izq. 2/1, 2 r., 2 d., *2 r., trenza dcha. 2/1, trenza izq. 2/1, 2 r., 2 d.; repita desde * hasta que queden 5 p.; 2 r., trenza r. dcha. 2/1.

H. 12: Repita la hilera 6.

H. 13: 1 r., trenza r. izq. 2/1, 1 r., 2 d., *1 r., trenza r. dcha. 2/1, 2 d., trenzar. izq. 2/1, 1 r., 2 d.; repita desde * hasta que queden 5 p.; 1 r., trenza r. dcha. 2/1, 1 r.

H. 14: Repita la hilera 4.

H. 15: 2 r., trenza r. izq. 2/1, 2 d., *trenza r. dcha. 2/1, 1 r., 2 d., 1 r., trenza r. izq. 2/1, 2 d.; repita desde * hasta que queden 5 p.; trenza r. dcha. 2/1, 2 r.

H. 16: Repita la hilera 2.

H. 17: 3 r., trenza r. izq. 2/1, *trenza r. dcha. 2/1, 2 r., 2 d., 2 r., trenza r. izq. 2/1; repita desde * hasta que queden 6 p.; trenza r. dcha. 2/1, 3 r.

H. 18: 4 d., 2 r., *[2 r., 3 d.] 2 veces, 2 r.; repita desde * hasta que queden 6 p.; 2 r., 4 d.

H. 19: 4 r., *trenza dcha. 2/2, 3 r., 2 d., 3 r.; repita desde * hasta que queden 8 p.; trenza dcha. 2/2, 4 r.

H. 20: Repita la hilera 18.

Repita las hileras 1-20.

LEYENDA DEL DIAGRAMA:

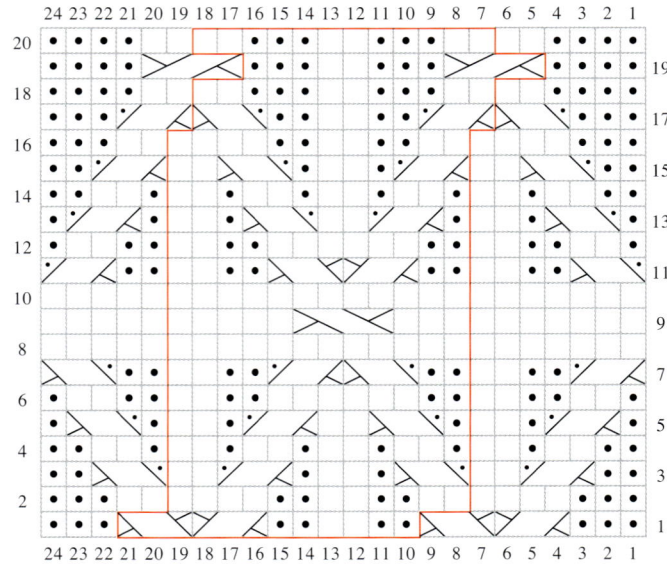

Dificultad:

CEPL: Hay que añadir 11 p. por cada 10 cm tejidos a lo ancho

Combinaciones:
Puntos Múltiplo de 15 p.
Repetición del patrón
De 12 hileras

Trenza sincopada

Un interesante diseño integral formado por estrechas cadenas de trenzas simples retorcidas que rodean sinuosamente otras trenzas más anchas.

H. 1 (R.): [1 d., 1 r., 1 d., 3 r.] 2 veces, 1 d., 1 r., 1 d.

H. 2 (D): [1 r., 1 d., 1 r., 3 d.] 2 veces, 1 r., 1 d., 1 r.

H. 3: Repita la hilera 1.

H. 4 y 5: Repita las hileras 2 y 3.

H. 6: 3 d., 2 trenzas [r., d., r.] izq. 3/3.

H. 7: [3 r., 1 d., 1 r., 1 d.] 2 veces, 3 r.

H. 8: [3 d., 1 r., 1 d., 1 r.] 2 veces, 3 d.

H. 9: Repita la hilera 7.

H. 10 y 11: Repita las hileras 8 y 9.

H. 12: 2 trenzas [r., d., r.] dcha. 3/3, 1 r., 1 d., 1 r.
Repita las hileras 1-12.

Puntos especiales

Trenza [r., d., r.] dcha. 3/3: Pase los 3 puntos siguientes a la aguja aux. y sujétela por detrás de la labor, haga 1 r., 1 d. y 1 r. en la aguja izq. y 3 d. en la aguja aux.

Trenza [r., d., r.] izq. 3/3: Pase los 3 puntos siguientes a la aguja aux. y sujétela por delante de la labor, haga 1 r., 1 d. y 1 r. en la aguja izq. y 3 d. en la aguja aux.

LEYENDA DEL DIAGRAMA:

Repetición de 15 p.

D: punto del derecho
R: punto del revés

Trenza [r., d., r.] dcha. 3/3

D: p. del revés
R: p. del derecho

Trenza [r., d., r.] izq. 3/3

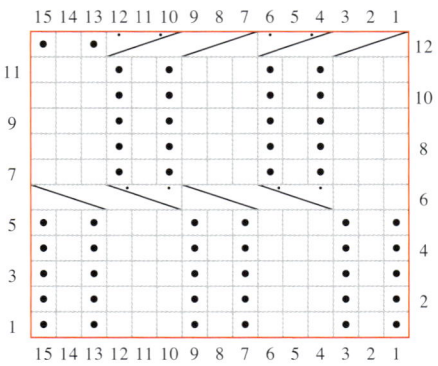

Dificultad:

CEPL: Hay que añadir 3 p. por cada 10 cm tejidos a lo ancho

Combinaciones:
Puntos Múltiplo de 6 p. más 4 p.
Repetición del patrón
De 12 hileras

Celosía doble

Pares de trenzas hechas con un solo punto retorcido forman una intrincada celosía y crean un tejido abultado y con textura. Con este punto pueden hacerse bonitos artículos para el hogar, como mantas y fundas de cojín.

H. 1 y todas las hileras R: Teja puntos del revés.

H. 2 (D): *Trenza izq. 1/1, 2 trenzas dcha. 1/1; repita desde * hasta que queden 4 p.; trenza izq. 1/1, trenza dcha. 1/1.

H. 4: 1 d., *trenza izq. 1/1, trenza dcha. 1/1, trenza izq. 1/1; repita desde * hasta que queden 3 p.; trenza izq. 1/1, 1 d.

H. 6: *2 trenzas izq. 1/1, 2 d.; repita desde * hasta que queden 4 p.; 2 trenzas izq. 1/1.

H. 8: 1 d., *2 trenzas izq. 1/1, trenza dcha. 1/1; repita desde * hasta que queden 3 p.; trenza izq. 1/1, 1 d.

H. 10: Trenza dcha. 1/1, *trenza izq. 1/1, 2 trenzas dcha. 1/1; repita desde * hasta que queden 2 p.; trenza izq. 1/1.

H. 12: 1 d., *2 d., 2 trenzas dcha. 1/1; repita desde * hasta que queden 3 p.; 3 d.

Repita las hileras 1-12.

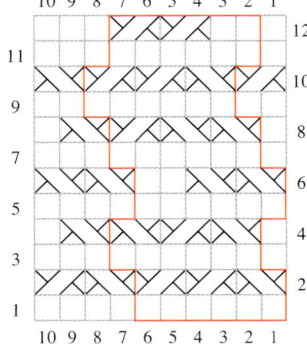

LEYENDA DEL DIAGRAMA:

Repetición de 6 p.

D: p. del derecho
R: p. del revés

Trenza izq. 1/1

Trenza dcha. 1/1

Bastones de caramelo

Las gruesas y sinuosas trenzas entrelazadas forman un patrón de interesante textura que constituye un excelente diseño integral.

Dificultad:

CEPL: Hay que añadir 9 p. por cada 10 cm tejidos a lo ancho

Combinaciones:
Puntos Múltiplo de 20 p.
Repetición del patrón De 24 hileras

H. 1 (D): 4 r., 12 d., 4 r.

H. 2 (R.): 4 d., 12 r., 4 d.

H. 3: 4 r., trenza r. dcha. 4/1/1, trenza r. izq. 4/1/1, 4 r.

H. 4: 4 d., 4 r., 1 d., 2 r., 1 d., 4 r., 4 d.

H. 5: 4 r., 4 d., 1 r., trenza izq. 1/1, 1 r., 4 d., 4 r.

H. 6: Repita la hilera 4.

H. 7: 2 r., trenza r. dcha. 4/2, 1 r., trenza izq. 1/1, 1 r., trenza r. izq. 4/2, 2 r.

H. 8: 2 d., 4 r., 3 d., 2 r., 3 d., 4 r., 2 d.

H. 9: 2 r., 4 d., 3 r., trenza izq. 1/1, 3 r., 4 d., 2 r.

H. 10: Repita la hilera 8.

H. 11: Trenza r. dcha. 4/2, 3 r., trenza izq. 1/1, 3 r., trenza r. izq. 4/2.

H. 12: 4 r., 5 d., 2 r., 5 d., 4 r.

H. 13: 4 d., 5 r., trenza izq. 1/1, 5 r., 4 d.

H. 14: Repita la hilera 12.

H. 15: Trenza r. izq. 4/2, 3 r., trenza izq. 1/1, 3 r., trenza r. dcha. 4/2.

H. 16: Repita la hilera 8.

H. 17: 2 r., 4 d., 3 r., trenza izq. 1/1, 3 r., 4 d., 2 r.

H. 18: Repita la hilera 8.

H. 19: 2 r., trenza r. izq. 4/2, 1 r., trenza izq. 1/1, 1 r., trenza r. dcha. 4/2, 2 r.

H. 20: Repita la hilera 4.

H. 21: Repita la hilera 5.

H. 22: Repita la hilera 4.

H. 23: 4 r., trenza r. izq. 4/2, trenza r. dcha. 4/2, 4 r.

H. 24: 6 d., 8 r., 6 d.

H. 25: 6 r., 8 d., 6 r.

H. 26: Repita la hilera 24.

Repita las hileras 3-26.

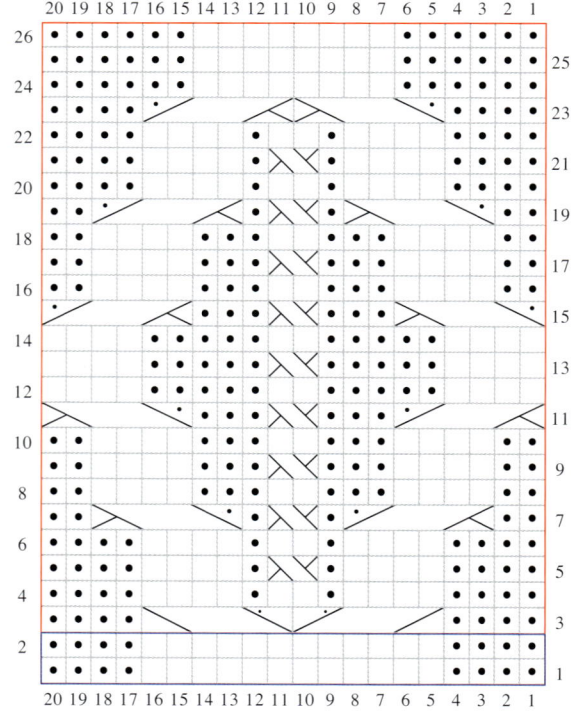

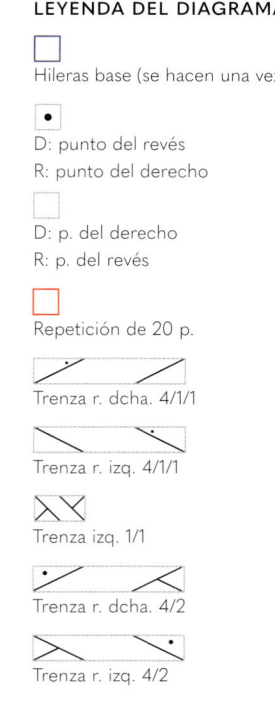

LEYENDA DEL DIAGRAMA:

Hileras base (se hacen una vez)

D: punto del revés
R: punto del derecho

D: p. del derecho
R: p. del revés

Repetición de 20 p.

Trenza r. dcha. 4/1/1

Trenza r. izq. 4/1/1

Trenza izq. 1/1

Trenza r. dcha. 4/2

Trenza r. izq. 4/2

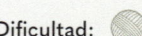

CEPL: Hay que añadir 2 p. por cada 10 cm tejidos a lo ancho

Combinaciones:
Puntos Múltiplo de 6 p. más 3 p.
Repetición del patrón
De 4 hileras

Esterilla

Se trabajan dos sencillas trenzas bien juntas para crear un tejido robusto, ideal para bolsas, artículos del hogar y accesorios. Si prefiere que quede más suave, añada «hileras de descanso» entre las trenzas.

H. 1 (D): Trenzas izq. 3/3 hasta que queden 3 p.; 3 d.

H. 2 (R.): Teja puntos del revés.

H. 3: 3 d., trenzas dcha. 3/3 hasta el final de la hilera.

H. 4: Teja puntos del revés.

Repita las hileras 1-4.

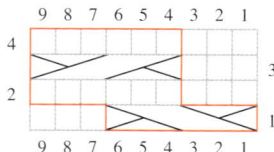

LEYENDA DEL DIAGRAMA:

Repetición de 6 p.

Trenza izq. 3/3

D: p. del derecho
R: p. del revés

Trenza dcha. 3/3

Dificultad:

CEPL: Hay que añadir 9 p. por cada 10 cm tejidos a lo ancho

Combinaciones:
Puntos Múltiplo de 8 p.
Repetición del patrón
De 8 hileras

Colmena

Todo un clásico, la colmena forma un tejido con mucho relieve, mullido y con una buena caída. Trabajada tradicionalmente a modo de panel ancho o de diseño integral, la corta repetición de puntos hace que también funcione bien como parte de un diseño más grande.

H. 1 (D): Teja puntos del derecho.

H. 2 y todas las hileras R: Teja puntos del revés.

H. 3: Trenza dcha. 2/2, trenza izq. 2/2.

H. 5: Teja puntos del derecho.

H. 7: Trenza izq. 2/2, trenza dcha. 2/2.

H. 8: Teja puntos del revés.

Repita las hileras 1-8.

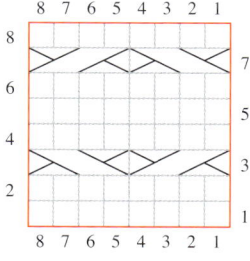

LEYENDA DEL DIAGRAMA:

Repetición de 8 p.

D: p. del derecho
R: p. del revés

Trenza dcha. 2/2

Trenza izq. 2/2

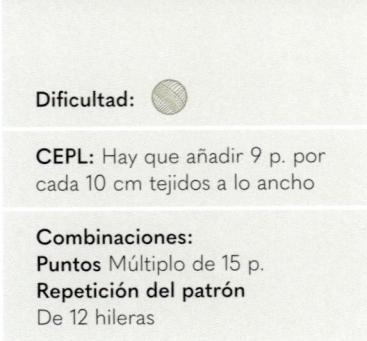

Dificultad:

CEPL: Hay que añadir 9 p. por cada 10 cm tejidos a lo ancho

Combinaciones:
Puntos Múltiplo de 15 p.
Repetición del patrón
De 12 hileras

Olas marinas

El bello y delicado efecto ondulado convierte este diseño en un fabuloso patrón integral. Las anchas trenzas de diez puntos son algo complicadas de tejer, pero, como solo se trabajan dos en la repetición de doce hileras, ¡uno puede descansar entre una y otra!

H. 1 (D): Teja puntos del derecho.
H. 2 y todas las hileras R: Teja puntos del revés.
H. 3: Trenza izq. 5/5, 5 d.
H. 5: Teja puntos del derecho.
H. 7: Teja puntos del derecho.
H. 9: 5 d., trenza dcha. 5/5.
H. 11: Teja puntos del derecho.
H. 12: Teja puntos del revés.
Repita las hileras 1-12.

LEYENDA DEL DIAGRAMA:

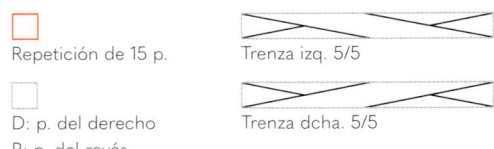

Repetición de 15 p.

D: p. del derecho
R: p. del revés

Trenza izq. 5/5

Trenza dcha. 5/5

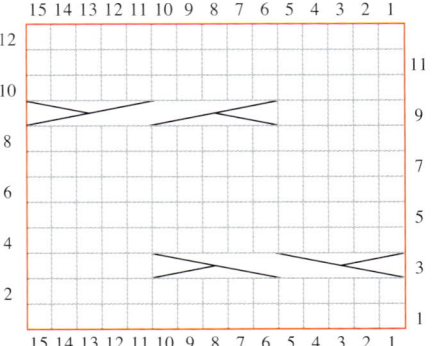

Dificultad:

CEPL: Hay que añadir 5 p. por cada 10 cm tejidos a lo ancho

Combinaciones:
Puntos Múltiplo de 28 p.
Repetición del patrón
De 16 hileras

Reloj de arena doble

Los relojes de arena realzados con una trenza central crean un diseño interesante y detallado.

H. 1 (R.): *4 d., 1 r., 1 d., 2 r., 1 d., 1 r., 5 d., 1 r., 1 d., 1 r., 2 d., 2 r., 2 d., [1 r., 1 d.] 2 veces; repita desde * hasta el final.

H. 2 (D): *1 r., 2 trenzas r. izq. 1/1, trenza r. dcha. 1/1, trenza r. izq. 1/1, 2 trenzas r. dcha. 1/1, 4 r., 2 trenzas r. dcha. 1/1, 2 trenzas r. izq. 1/1, 3 r.; repita desde * hasta el final.

H. 3: *3 d., 1 r., 1 d., 1 r., 2 d., 1 r., 1 d., 1 r., 5 d., 1 r., 1 d., 2 r., 2 d., 2 r., 1 d., 1 r., 2 d.; repita desde * hasta el final.

H. 4: *2 r., 2 trenzas r. izq. 1/1, 2 r., 2 trenzas r. dcha. 1/1, 4 r., trenza r. dcha. 1/1, trenza dcha. 1/1, 2 r., trenza izq. 1/1, trenza r. izq. 1/1, 2 r.; repita desde * hasta el final.

H. 5: *2 d., 1 r., 1 d., 2 r., 2 d., 2 r., 1 d., 1 r., 5 d., 1 r., 1 d., 1 r., 2 d., 1 r., 1 d., 1 r., 3 d.; repita desde * hasta el final.

H. 6: *3 r., 2 trenzas r. izq. 1/1, 2 trenzas r. dcha. 1/1, 4 r., 2 trenzas r. dcha. 1/1, trenza r. izq. 1/1, trenza r. dcha. 1/1, 2 trenzas r. izq. 1/1, 1 r.; repita desde * hasta el final.

H. 7: *[1 d., 1 r.] 2 veces, 2 d., 2 r., 2 d., 1 r., 1 d., 1 r., 5 d., 1 r., 1 d., 2 r., 1 d., 1 r., 4 d.; repita desde * hasta el final.

H. 8: *4 r., 1 d., 1 r., 2 d., 1 r., 1 d., 5 r., 1 d., 1 r., 1 d., 2 r., 2 d., 2 r., [1 d., 1 r.] 2 veces; repita desde * hasta el final.

H. 9: Repita la hilera 7.

H. 10: *3 r., 2 trenzas r. dcha. 1/1, 2 trenzas r. izq. 1/1, 4 r., 2 trenzas r. izq. 1/1, trenza r. dcha. 1/1, trenza r. izq. 1/1, 2 trenzas r. dcha. 1/1, 1 r.; repita desde * hasta el final.

H. 11: Repita la hilera 5.

H. 12: *2 r., trenza r. dcha. 1/1, trenza dcha. 1/1, 2 r., trenza izq. 1/1, trenza r. izq. 1/1, 4 r., 2 trenzas r. izq. 1/1, 2 r., 2 trenzas r. dcha. 1/1, 2 r.; repita desde * hasta el final.

H. 13: Repita la hilera 3.

H. 14: *1 r., 2 trenzas r. dcha. 1/1, trenza r. izq. 1/1, trenza r. dcha. 1/1, 2 trenzas r. izq. 1/1, 4 r., 2 trenzas r. izq. 1/1, 2 trenzas r. dcha. 1/1, 3 r.; repita desde * hasta el final.

H. 15: Repita la hilera 1.

H. 16: *[1 r., 1 d.] 2 veces, 2 r., 2 d., 2 r., 1 d., 1 r., 1 d., 5 r., 1 d., 1 r., 2 d., 1 r., 1 d., 4 r.; repita de * hasta el final.

Repita las hileras 1-16.

LEYENDA DEL DIAGRAMA:

Repetición de 28 p.

D: p. del revés
R: p. del derecho

D: p. del derecho
R: p. del revés

Trenza r. izq. 1/1

Trenza r. dcha. 1/1

Trenza dcha. 1/1

Trenza izq. 1/1

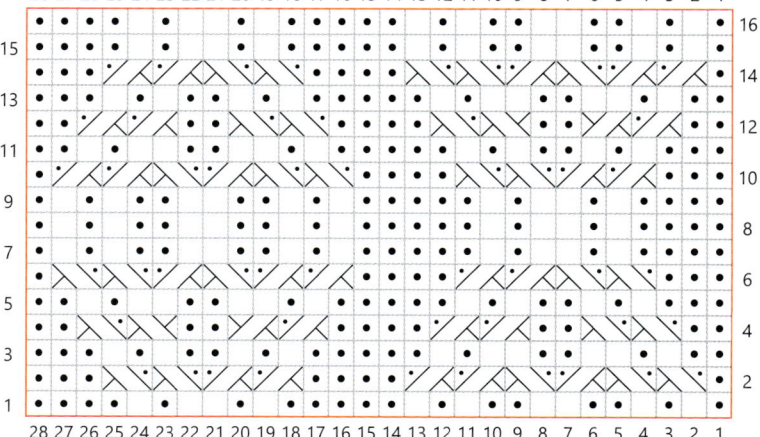

CEPL: Hay que añadir 4 p. por cada 10 cm tejidos a lo ancho

Combinaciones:
Puntos Múltiplo de 12 p.
Repetición del patrón
De 12 hileras

Rombos de punto bobo

Colocar trenzas en un fondo de punto bobo confiere un aspecto mullido al tejido sin que los clásicos rombos de trenzas pierdan definición.

H. 1 (D): 3 d., trenza dcha. 2/1, trenza izq. 2/1, 3 d.

H. 2 (R): 3 d., 2 r., 2 d., 2 r., 3 d.

H. 3: 2 d., trenza dcha. 2/1, 2 d., trenza izq. 2/1, 2 d.

H. 4: 2 d., 2 r., 4 d., 2 r., 2 d.

H. 5: 1 d., trenza dcha. 2/1, 4 d., trenza izq. 2/1, 1 d.

H. 6: 1 d., 2 r., 6 d., 2 r., 1 d.

H. 7: Trenza dcha. 2/1, 6 d., trenza izq. 2/1.

H. 8: 2 r., 8 d., 2 r.

H. 9: Trenza izq. 2/1, 6 d., trenza dcha. 2/1.

H. 10: Repita la hilera 6.

H. 11: 1 d., trenza izq. 2/1, 4 d., trenza dcha. 2/1, 1 d.

H. 12: Repita la hilera 4.

H. 13: 2 d., trenza izq. 2/1, 2 d., trenza dcha. 2/1, 2 d.

H. 14: Repita la hilera 2.

H. 15: 3 d., trenza izq. 2/1, trenza dcha. 2/1, 3 d.

H. 16: 4 d., 4 r., 4 d.

Repita las hileras 1-16.

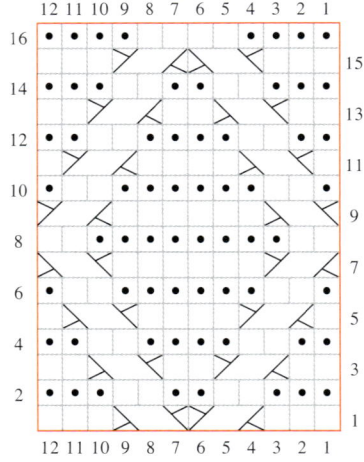

LEYENDA DEL DIAGRAMA:

Repetición de 12 p.

D: p. del derecho
R: p. del revés

• D: p. del revés
R: p. del derecho

Trenza dcha. 2/1

Trenza izq. 2/1

Dificultad:

CEPL: Hay que añadir 2 p. por cada 10 cm tejidos a lo ancho

Combinaciones:
Puntos Múltiplo de 16 p. más 2 p.
Repetición del patrón
De 24 hileras

Damero de punto arroz

Un diseño divertido que combina puntos arroz con dos sencillas trenzas dispuestas en grupos simétricos. Se obtiene un tejido suave y agradable. Si lo prefiere más robusto para confeccionar artículos del hogar, utilice agujas que sean una o dos medidas más grandes que las habituales.

H. 1 (D): 8 d., [1 r., 1 d.] 4 veces.

H. 2 (R.): [1 d., 1 r.] 3 veces, 1 d., 9 r.

H. 3-6: Repita las hileras 1 y 2.

H. 7: Trenza izq. 4/4, [1 r., 1 d.] 4 veces.

H. 8: Repita la hilera 2.

H. 9: Repita la hilera 1.

H. 10 y 11: Repita las hileras 8 y 9.

H. 12: Repita la hilera 2.

H. 13: [1 d., 1 r.] 4 veces, 8 d.

H. 14: 9 r., [1 d., 1 r.] 3 veces, 1 d.

H. 15-18: Repita las hileras 13 y 14.

H. 19: [1 d., 1 r.] 4 veces, trenza dcha. 4/4.

H. 20: Repita la hilera 14.

H. 21: Repita la hilera 13.

H. 22 y 23: Repita las hileras 20 y 21.

H. 24: Repita la hilera 14.
Repita las hileras 1-24.

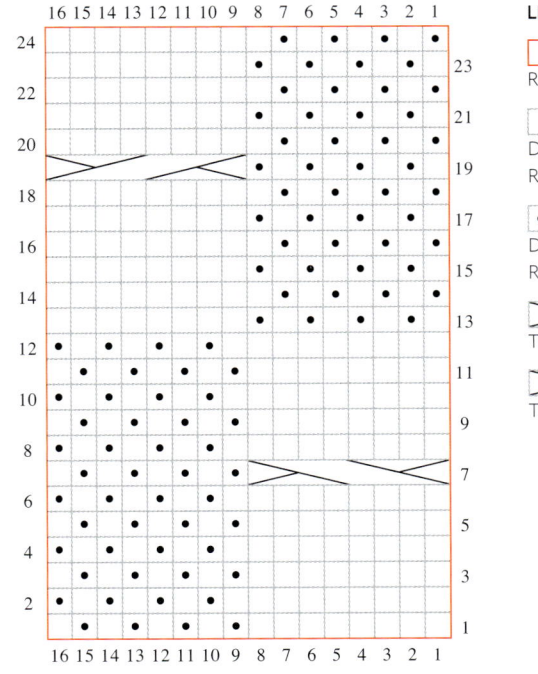

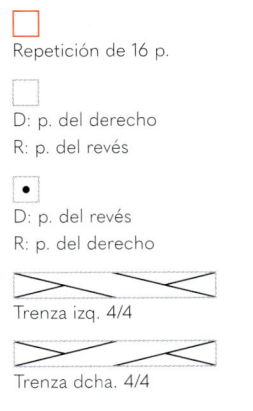

LEYENDA DEL DIAGRAMA:

Repetición de 16 p.

D: p. del derecho
R: p. del revés

• D: p. del revés
R: p. del derecho

Trenza izq. 4/4

Trenza dcha. 4/4

Cordones y rombos

Tejer esta intrincada trenza es una tarea laboriosa, pero el resultado es tan bonito y elegante que merece la pena hacer el esfuerzo.

Dificultad: ◯ ◯ ◯

CEPL: Hay que añadir 7 p. por cada 10 cm tejidos a lo ancho

Combinaciones:
Puntos Múltiplo de 12 p. más 16 p.
Repetición
De 16 hileras

H. 1 (D): 1 r., trenza dcha. 1/1, 2 r., trenza r. dcha. 2/1, trenza r. izq. 2/1, *2 r., trenza dcha. 1/1, 2 r., trenza r. dcha. 2/1, trenza r. izq. 2/1; repita desde * hasta que queden 5 p.; 2 r., trenza dcha. 1/1, 1 r.

H. 2 (R): 1 d., 2 r., 2 d., 2 r., *[2 d., 2 r.] 3 veces; repita desde * hasta que queden 9 p.; [2 d., 2 r.] 2 veces, 1 d.

H. 3: 1 r., trenza dcha. 1/1, 1 r., trenza r. dcha. 2/1, 2 r., *trenza r. izq. 2/1, 1 r., trenza dcha. 1/1, 1 r., trenza r. dcha. 2/1, 2 r.; repita desde * hasta que queden 7 p.; trenza r. izq. 2/1, 1 r., trenza dcha. 1/1, 1 r.

H. 4: [1 d., 2 r.] 2 veces, 1 d., *3 d., [2 r., 1 d.] 3 veces; repita desde * hasta que queden 9 p.; 3 d., [2 r., 1 d.] 2 veces.

H. 5: 1 r., trenza dcha. 1/1, trenza r. dcha. 2/1, 3 r., *1 r., trenza r. izq. 2/1, trenza dcha. 1/1, trenza r. dcha. 2/1, 3 r.; repita desde * hasta que queden 7 p.; 1 r., trenza r. izq. 2/1, trenza dcha. 1/1, 1 r.

H. 6: 1 d., 4 r., 2 d., *4 d., 6 r., 2 d.; repita desde * hasta que queden 9 p.; 4 d., 4 r., 1 d.

H. 7: 1 r., 1 d., trenza r. dcha. 2/1, 4 r., *2 r., trenza r. izq. 2/1, trenza r. dcha. 2/1, 4 r.; repita desde * hasta que queden 7 p.; 2 r., trenza r. izq. 2/1, 1 d., 1 r.

H. 8: 1 d., 3 r., 3 d., *5 d., 4 r., 3 d.; repita desde * hasta que queden 9 p.; 5 d., 3 r., 1 d.

H. 9: 1 r., 1 d., trenza izq. 2/1, 4 r., *2 r., trenza dcha. 2/1, trenza izq. 2/1, 4 r.; repita desde * hasta que queden 7 p.; 2 r., trenza dcha. 2/1, 1 d., 1 r.

H. 10: Repita la hilera 6.

H. 11: 1 r., trenza dcha. 1/1, trenza r. izq. 2/1, 3 r., *1 r., trenza r. dcha. 2/1, trenza dcha. 1/1, trenza r. izq. 2/1, 3 r.; repita desde * hasta que queden 7 p.; 1 r., trenza r. dcha. 2/1, trenza dcha. 1/1, 1 r.

H. 12: Repita la hilera 4.

H. 13: 1 r., trenza dcha. 1/1, 1 r., trenza r. izq. 2/1, 2 r., *trenza r. dcha. 2/1, 1 r., trenza dcha. 1/1, 1 r., trenza r. izq. 2/1, 2 r.; repita desde * hasta que queden 7 p.; trenza r. dcha. 2/1, 1 r., trenza dcha. 1/1, 1 r.

H. 14: Repita la hilera 2.

H. 15: 1 r., trenza dcha. 1/1, 2 r., trenza r. izq. 2/1 *trenza r. dcha. 2/1, 2 r., trenza dcha. 1/1, 2 r., trenza r. izq. 2/1; repita desde * hasta que queden 8 p.; trenza r. dcha. 2/1, 2 r., trenza dcha. 1/1, 1 r.

H. 16: 1 d., 2 r., 3 d., 2 r., *[2 r., 3 d.] 2 veces, 2 r.; repita desde * hasta que queden 8 p.; 2 r., 3 d., 2 r., 1 d.

Repita las hileras 1-16.

LEYENDA DEL DIAGRAMA:

- • D: p. del revés / R: p. del derecho
- Trenza dcha. 1/1
- Trenza r. dcha. 2/1
- Trenza r. izq. 2/1
- Repetición de 12 p.
- D: p. del derecho / R: p. del revés
- Trenza izq. 2/1
- Trenza dcha. 2/1

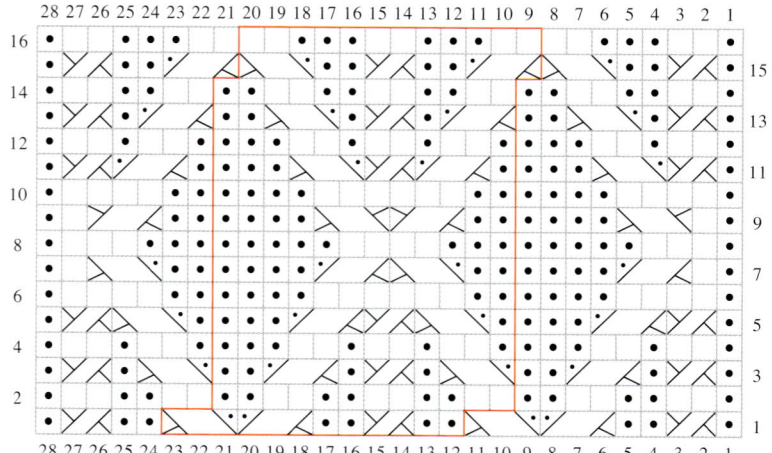

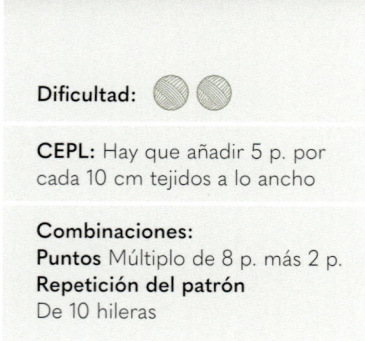

Dificultad:

CEPL: Hay que añadir 5 p. por cada 10 cm tejidos a lo ancho

Combinaciones:
Puntos Múltiplo de 8 p. más 2 p.
Repetición del patrón
De 10 hileras

Ventanas industriales

Un atrevido diseño geométrico que funciona bien como patrón integral, aunque también puede usarse a modo de repetición simple combinada con otros puntos. El punto bobo hace que los puntos de la trenza realmente sobresalgan.

H. 1 (D): Teja puntos del derecho.

H. 2 y todas las hileras R: Teja puntos del revés.

H. 3: 1 r.,*2 r., 4 d., 2 r.; repita desde * hasta que quede 1 p.; 1 r.

H. 5: Repita la hilera 3.

H. 7: Repita la hilera 3.

H. 9: 1 d., *2 d., 4 r., 2 d.; repita desde * hasta que quede 1 p.; 1 d.

H. 11: 1 d., *trenza izq. 2/2, trenza dcha. 2/2; repita desde * hasta que quede 1 p.; 1 d.

Repita las hileras 2-11.

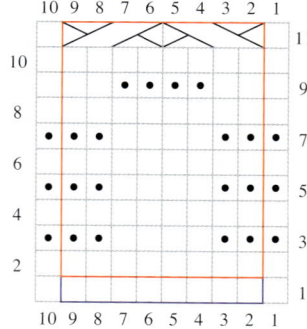

LEYENDA DEL DIAGRAMA:

D: p. del derecho
R: p. del revés

Hilera base (se hace una vez)

Repetición de 8 p.

• D: p. del revés
R: p. del derecho

Trenza izq. 2/2

Trenza dcha. 2/2

Dificultad:

CEPL: Hay que añadir 2 p. por cada 10 cm tejidos a lo ancho

Combinaciones:
Puntos Múltiplo de 4 p. más 2 p.
Repetición del patrón
De 8 hileras

Arena ondulada

Este diseño parece complejo, pero lo que forma el relieve extra y crea la ilusión de ondas en la arena no es más que la incorporaron de puntos deslizados debajo de las trenzas.

H. 1 (D): 1 d., *desl. 1 con hilo det., 3 d.*; repita desde * hasta que quede 1 p.; 1 d.

H. 2 (R.): 1 r.,*3 r., desl. 1 con hilo del.; repita desde * hasta que quede 1 p.; 1 r.

H. 3: 1 d., *trenza izq. 2/2, 1 d.; repita desde * hasta que quede 1 p.; 1 d.

H. 4: Teja puntos del revés.

H. 5: 1 d.,*3 d., desl. 1 con hilo det.; repita desde * hasta que quede 1 p.; 1 d.

H. 6: 1 r., *desl. 1 con hilo del., 3 r.*; repita desde * hasta que quede 1 p.; 1 r.

H. 7: 1 d., *1 d., trenza dcha. 2/2; repita desde * hasta que quede 1 p.; 1 d.

H. 8: Teja puntos del revés.

Repita las hileras 1-8.

Puntos especiales

Desl. 1 con hilo det.: Deslice 1 punto como si fuera a tejerlo del revés con el hilo hacia detrás de la labor.

Desl. 1 con hilo del.: Deslice 1 punto como si fuera a tejerlo del revés con el hilo hacia delante de la labor.

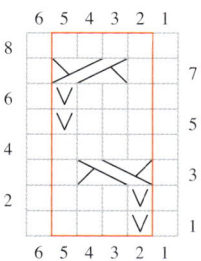

LEYENDA DEL DIAGRAMA:

D: p. del derecho
R: p. del revés

Repetición de 4 p.

V
D: desl. 1 con hilo det.
R: desl. 1 con hilo del.

Trenza izq. 1/2

Trenza dcha. 1/2

CAPÍTULO CUATRO

Trenzas creativas

En este capítulo, nuestras exploraciones van un poco más allá, ya que incorporamos combinaciones de colores, calados y bodoques para dar textura. También veremos algunas trenzas reversibles muy útiles que son ideales para bufandas, chales y otras prendas de ropa con ambas caras visibles.

Dificultad:

CEPL: Hay que añadir 9 p. por cada 10 cm tejidos a lo ancho

Combinaciones:
Puntos Múltiplo de 16 p.
Repetición del patrón
De 8 hileras

Trenza serpenteante reversible

A partir de dos sogas clásicas, se obtiene un diseño mucho más intrincado simplemente colocándolas de manera intercalada, creando un sutil efecto serpenteante.

H. 1 (D): *[2 d., 2 r.] 4 veces; repita desde * hasta el final.

H. 2 y todas las hileras R: *[2 d., 2 r.] 4 veces; repita desde * hasta el final.

H. 3: *Trenza elást. izq. 4/4, [2 d., 2 r.] 2 veces; repita desde * hasta el final.

H. 5: Repita la hilera 1.

H. 7: *[2 d., 2 r.] 2 veces, trenza elást. dcha. 4/ 4; repita desde * hasta el final.

H. 8: Repita la hilera 2.

Repita las hileras 1-8.

Puntos especiales

Trenza elást. izq. 4/4: Pase los 4 puntos siguientes a la aguja aux. y sujétela por delante de la labor, haga 2 d., 2 r. y en la aguja aux. 2 d., 2 r.

Trenza elást. dcha. 4/4: Pase los 4 puntos siguientes a la aguja aux. y sujétela por detrás de la labor, haga 2 d., 2 r. y en la aguja aux. 2 d., 2 r.

LEYENDA DEL DIAGRAMA:

☐ Repetición de 16 p.	● D: p. del revés / R: p. del derecho	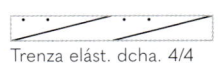 Trenza elást. dcha. 4/4
☐ D: p. del derecho / R: p. del revés	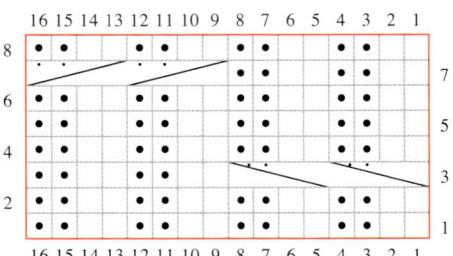 Trenza elást. izq. 4/4	

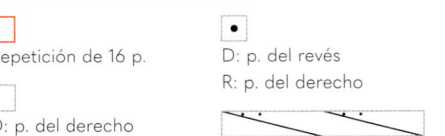

Dificultad: ⦾

CEPL: Hay que añadir 5 p. por cada 10 cm tejidos a lo ancho

Combinaciones:
Puntos Múltiplo de 15 p. más 5 p.
Repetición del patrón
De 30 hileras

Trenza ensartada

Este punto crea una fascinante ilusión óptica que queda especialmente interesante cuando se trabaja en una área grande de tejido.

H. 1 (R.): 5 d., *10 d., 2 r., 1 d., 2 r.; repita de * hasta el final.

H. 2 (D): *2 d., 1 r., 2 d., 10 r.; repita desde * hasta que queden 5 p.; 5 r.

H. 3: Repita la hilera 1.

H. 4-9: Repita las hileras 2 y 3.

H. 10: *Trenza elást. r. dcha. 5/5, 5 r.; repita desde * hasta que queden 5 p.; 5 r.

H. 11: 5 d., *5 d., 2 r., 1 d., 2 r., 5 d.; repita de * hasta el final.

H. 12: *5 r., 2 d., 1 r., 2 d., 5 r.; repita desde * hasta que queden 5 p.; 5 r.

H. 13: Repita la hilera 11.

H. 14-19: Repita las hileras 12 y 13.

H. 20: *5 r., trenza elást. r. dcha. 5/5; repita desde * hasta que queden 5 p.; 5 d.

H. 21: 5 d.,*2 r., 1 d., 2 r., 10 d.; repita de * hasta el final.

H. 22: *10 r., 2 d., 1 r., 2 d.; repita desde * hasta que queden 5 p.; 5 r.

H. 23: Repita la hilera 21.

H. 24-29: Repita las hileras 22 y 23.

H. 30: 5 r., *5 r., trenza elást. r. dcha. 5/5; repita desde * hasta el final.

Repita las hileras 1-30.

Puntos especiales

Trenza elást. r. dcha. 5/5: Pase los 5 puntos sig. a la aguja aux. y sujétela por detrás de la labor, haga 5 r. en la aguja izq. y 2 d., 1 r., 2 d. en la aguja aux.

LEYENDA DEL DIAGRAMA:

▢ Repetición de 15 p.

• D: p. del revés
R: p. del derecho

▢ D: p. del derecho
R: p. del revés

◿ Trenza elást. r. dcha. 5/5

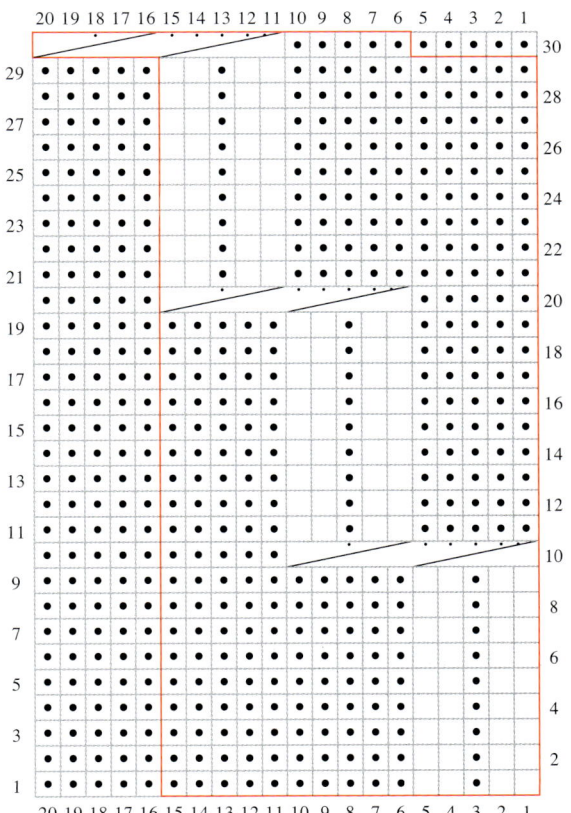

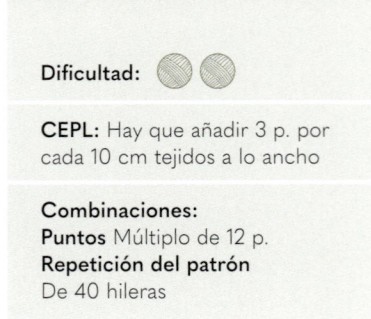

Dificultad: ◐ ◐

CEPL: Hay que añadir 3 p. por cada 10 cm tejidos a lo ancho

Combinaciones:
Puntos Múltiplo de 12 p.
Repetición del patrón
De 40 hileras

Sarmientos bicolores de punto bobo

Al añadir color y textura a un trenza sencilla se obtiene un resultado espectacular.

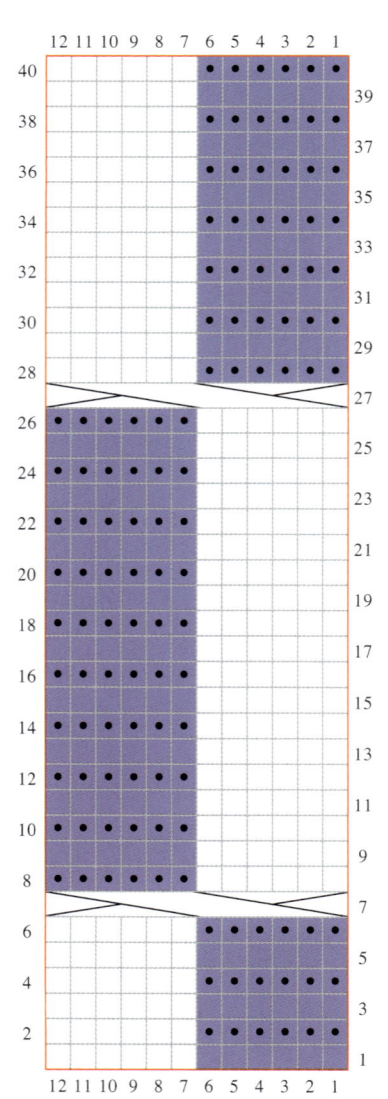

LEYENDA DEL DIAGRAMA:

▢ Repetición de 12 p.

▢ D: p. del derecho
R: p. del revés

• D: p. del revés
R: p. del derecho

✕ Trenza izq. 6/6

▢ Color A

▨ Color B

Monte los puntos con hilo A y siga los cambios de color que indica el diagrama.

H. 1 (D): Teja puntos del derecho.

H. 2 (R.): *6 r., 6 d.; repita desde * hasta el final.

H. 3-6: Repita las hileras 1 y 2.

H. 7: *Trenza izq. 6/6; repita desde * hasta el final.

H. 8: *6 d., 6 r.; repita desde * hasta el final.

H. 9: Teja puntos del derecho.

H. 10-25: Repita las hileras 8 y 9.

H. 26: Repita la hilera 8.

H. 27: *trenza izq. 6/6; repita desde * hasta el final.

H. 28: Repita la hilera 2.

H. 29: Teja puntos del derecho.

H. 30-39: Repita las hileras 28 y 29.

H. 40: Repita la hilera 2.

Repita las hileras 1-40.

Dificultad:

CEPL: Hay que añadir 1 p. por cada 10 cm tejidos a lo ancho

Combinaciones:
Puntos Múltiplo de 8 p. más 2 p.
Repetición del patrón
De 20 hileras

Ventana calada y de punto arroz

Esta trenza de rica textura combina punto arroz y ojetes. Es ideal para crear un precioso panel integral, ya que el tejido es complejo pero conserva la suavidad y la caída gracias a las lazadas que forman el diseño calado.

H. 1 (D): *[1 r., 1 d.] 4 veces; repita desde * hasta el final.

H. 2 (R.): *[1 d., 1 r.] 4 veces; repita desde * hasta el final.

H. 3-6: Repita las hileras 1 y 2.

H. 7: Teja puntos del derecho.

H. 8: Teja puntos del revés.

H. 9 y 10: Repita las hileras 7 y 8.

H. 11: *Trenza izq. 2/2, trenza dcha. 2/2; repita desde * hasta el final.

H. 12: Teja puntos del revés.

H. 13: Teja puntos del derecho.

H. 14: Teja puntos del revés.

H. 15: *Trenza izq. 1/1, trenza dcha. 1/1; repita desde * hasta el final.

H. 16: Teja puntos del revés.

H. 17: 1 d., *laz., 2 d. jun.*; repita desde * hasta que quede 1 p.; 1 d.

H. 18: Teja puntos del revés.

H. 19: Teja puntos del derecho.

H. 20: Teja puntos del revés.

Repita las hileras 1-20.

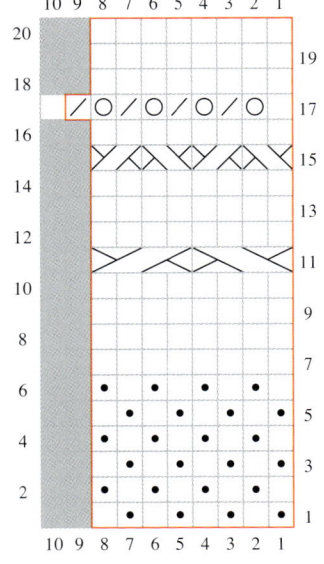

LEYENDA DEL DIAGRAMA:

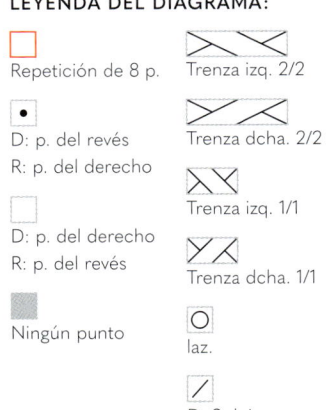

Repetición de 8 p.

Trenza izq. 2/2

. D: p. del revés
R: p. del derecho

Trenza dcha. 2/2

D: p. del derecho
R: p. del revés

Trenza izq. 1/1

Ningún punto

Trenza dcha. 1/1

O laz.

/ D: 2 d. jun.

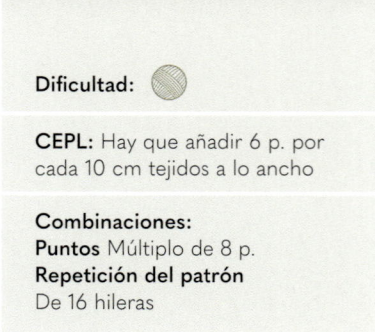

Dificultad:

CEPL: Hay que añadir 6 p. por cada 10 cm tejidos a lo ancho

Combinaciones:
Puntos Múltiplo de 8 p.
Repetición del patrón
De 16 hileras

Punto arroz y punto liso

La textura nudosa del punto arroz hace que el punto liso que lo acompaña realmente destaque. Este punto quedaría espectacular tejido junto a una trenza simétrica hecha con puntos retorcidos a la izquierda.

H. 1 (D): *1 r., 1 d., 1 r., 5 d.; repita desde * hasta el final.

H. 2 (R.): *4 r., [1 d., 1 r.] 2 veces; repita desde * hasta el final.

H. 3 y 4: Repita las hileras 1 y 2.

H. 5: *Trenza dcha. 4/4 p. liso sobre p. arroz; repita desde * hasta el final.

H. 6: 1 d., 1 r., 1 d., 5 r.

H. 7: *4 d., [1 r., 1 d.] 2 veces; repita desde * hasta el final.

H. 8-11: Repita las hileras 6 y 7.

H. 12: Repita la hilera 6.

H. 13: *Trenza dcha. 4/4 p. arroz sobre p. liso; repita desde * hasta el final.

H. 14: *4 r., [1 d., 1 r.] 2 veces; repita desde * hasta el final.

H. 15: Repita la hilera 1.

H. 16: Repita la hilera 2.

Repita las hileras 1-16.

Puntos especiales

Trenza dcha. 4/4 p. liso sobre p. arroz: Pase los 4 puntos siguientes a la aguja aux. y sujétela por detrás de la labor, haga 4 d. y en la aguja aux. [1 r., 1 d.] 2 veces.

Trenza dcha. 4/4 p. arroz sobre p. liso: Pase los 4 puntos siguientes a la aguja aux. y sujétela por detrás de la labor, haga [1 r., 1 d.] 2 veces y en la aguja aux. 4 d.

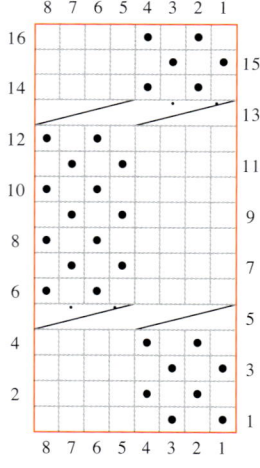

LEYENDA DEL DIAGRAMA:

Repetición de 8 p.

• D: p. del revés
R: p. del derecho

D: p. del derecho
R: p. del revés

Trenza dcha. 4/4 p. liso sobre p. arroz

Trenza dcha. 4/4 p. arroz sobre p. liso

Trenza reversible de punto bobo y punto arroz

Aunque es un patrón laborioso, el fondo a punto bobo contrasta maravillosamente con la trenza, cuyo centro es de punto arroz.

H. 1 (D): *7 d., 1 r., 7 d.; repita desde * hasta el final.

H. 2 y todas las hileras R: *3 d., 3 r., 1 d., 1 r., 1 d., 3 r., 3 d.; repita desde * hasta el final.

H. 3: Repita la hilera 1.

H. 5: Repita la hilera 1.

H. 7: *3 d., trenza p. arroz izq. 3/3/3, 3 d.; repita desde * hasta el final.

H. 9: Repita la hilera 1.

H. 11: Repita la hilera 1.

H. 13: Repita la hilera 1.

H. 15: Repita la hilera 1.

H. 16: Repita la hilera 2.

Repita las hileras 1-16.

Punto especial

Trenza p. arroz izq. 3/3/3: Pase los 6 puntos siguientes a la aguja aux. y sujétela por delante de la labor, haga 3 d., deslice 3 puntos de la aguja aux. de nuevo a la aguja izq., haga 1 d., 1 r., 1 d. y en la aguja aux. 3 d.

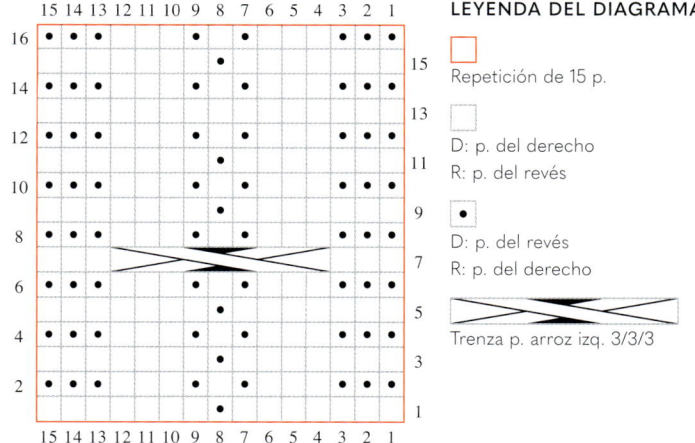

LEYENDA DEL DIAGRAMA:

Repetición de 15 p.

D: p. del derecho
R: p. del revés

D: p. del revés
R: p. del derecho

Trenza p. arroz izq. 3/3/3

CEPL: Hay que añadir 3 p. por cada 10 cm tejidos a lo ancho

Combinaciones:
Puntos Múltiplo de 13 p.
Repetición del patrón
De 16 hileras

Bodoque y punto arroz

Los bodoques dan un toque divertido a esta trenza zigzagueante rellena de punto arroz. Para mantener el revés pulcro, use hilos cortos del otro color. Si desea un resultado discreto, trabaje todo el diseño con el mismo color.

Monte los puntos con hilo A. Para tejer los bodoques con B, siga los cambios de color que indica el diagrama.

H. 1 (D): *3 r., trenza r. dcha. 2/1, 1 d., trenza r. izq. 2/1, 3 r.; repita desde * hasta el final.

H. 2 (R.): *3 d., 3 r., 1 d., 3 r., 3 d.; repita desde * hasta el final.

H. 3: *2 r., trenza dcha. 2/1, 1 r., bod., 1 r., trenza izq. 2/1, 2 r.; repita desde * hasta el final.

H. 4: *2 d., 2 r., [1 d., 1 r.] 2 veces, 1 d., 2 r., 2 d.; repita desde * hasta el final.

H. 5: *1 r., trenza r. dcha. 2/1, [1 d., 1 r.] 2 veces, 1 d., trenza r. izq. 2/1, 1 r.; repita desde * hasta el final.

H. 6: *1 d., 3 r., [1 d., 1 r.] 2 veces, 1 d., 3 r., 1 d.; repita desde * hasta el final.

H. 7: *Trenza dcha. 2/1, 1 r., 1 d., 1 r., bod., 1 r., 1 d., 1 r., trenza izq. 2/1; repita desde * hasta el final.

H. 8: *2 r., [1 d., 1 r.] 4 veces, 1 d., 2 r.; repita desde * hasta el final.

H. 9: *Trenza r. izq. 2/1, [1 r., 1 d.] 3 veces, 1 r., trenza r. dcha. 2/1; repita desde * hasta el final.

H. 10: Repita la hilera 6.

H. 11: *1 r., trenza r. izq. 2/1, 1 d., 1 r., bod., 1 r., 1 d., trenza r. dcha. 2/1, 1 r.; repita desde * hasta el final.

H. 12: Repita la hilera 4.

H. 13: *2 r., trenza r. izq. 2/1, 1 r., 1 d., 1 r., trenza r. dcha. 2/1, 2 r.; repita desde * hasta el final.

H. 14: Repita la hilera 2.

H. 15: *3 r., trenza r. izq. 2/1, 1 d., trenza r. dcha. 2/1, 3 r.; repita desde * hasta el final.

H. 16: *4 d., 2 r., 1 d., 2 r., 4 d.; repita desde * hasta el final.

Repita las hileras 1-16.

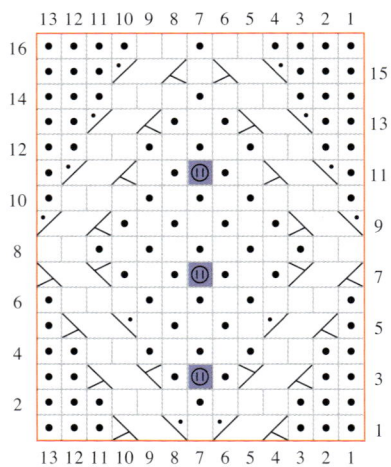

Punto especial

Bod., bodoque: [1 d., 1 r., 1 d., 1 r., 1 d.] en 1 punto, dé la vuelta a la labor, 5 r., dé la vuelta a la labor, deslice 5 puntos a la aguja dcha. como si fuera a tejerlos del revés y pase los puntos 2, 3, 4 y 5 por encima del primero para dejar 1 punto.

LEYENDA DEL DIAGRAMA:

Repetición de 13 p.

• D: p. del revés
R: p. del derecho

Trenza r. dcha. 2/1

D: p. del derecho
R: p. del revés

Trenza r. izq. 2/1

Trenza dcha. 2/1

 Bod.

Trenza izq. 2/1

Color A

Color B

CEPL: Hay que añadir 9 p. por cada 10 cm tejidos a lo ancho

Combinaciones:
Puntos Múltiplo de 16 p.
Repetición del patrón
De 20 hileras

Trenza trenzada

Una trenza de dos columnas que sobresalen a intervalos por los lados de una sencilla soga.

H. 1 (D): *3 r., trenza r. izq. 2/2, trenza izq. 2/2, 5 r.; repita desde * hasta el final.

H. 2 (R): *5 d., 6 r., 5 d.; repita desde * hasta el final.

H. 3: *5 r., trenza dcha. 2/2, trenza r. izq. 2/2, 3 r.; repita desde * hasta el final.

H. 4: *3 d., 2 r., 2 d., 4 r., 5 d.; repita desde * hasta el final.

H. 5: *5 r., 4 d., 2 r., trenza r. izq. 2/2, 1 r.; repita desde * hasta el final.

H. 6: *1 d., 2 r., 4 d., 4 r., 5 d.; repita desde * hasta el final.

H. 7: *5 r., trenza dcha. 2/2, 4 r., 2 d.; repita desde * hasta el final.

H. 8: Repita la hilera 6.

H. 9: *5 r., 4 d., 2 r., trenza r. dcha. 2/2, 1 r.; repita desde * hasta el final.

H. 10: Repita la hilera 4.

H. 11: *5 r., trenza dcha. 2/2, trenza r. dcha. 2/2, 3 r.; repita desde * hasta el final.

H. 12: Repita la hilera 2.

H. 13: *3 r., trenza r. dcha. 2/2, trenza izq. 2/2, 5 r.; repita desde * hasta el final.

H. 14: *5 d., 4 r., 2 d., 2 r., 3 d.; repita desde * hasta el final.

H. 15: *1 r., trenza r. dcha. 2/2, 2 r., 4 d., 5 r.; repita desde * hasta el final.

H. 16: *5 r., 4 d., 4 r., 2 d., 1 d.; repita desde * hasta el final.

H. 17: *1 r., 2 d., 4 r., trenza izq. 2/2, 5 r.; repita desde * hasta el final.

H. 18: Repita la hilera 16.

H. 19: *1 r., trenza r. izq. 2/2, 2 r., 4 d., 5 r.; repita desde * hasta el final.

H. 20: Repita la hilera 14.

Repita las hileras 1-20.

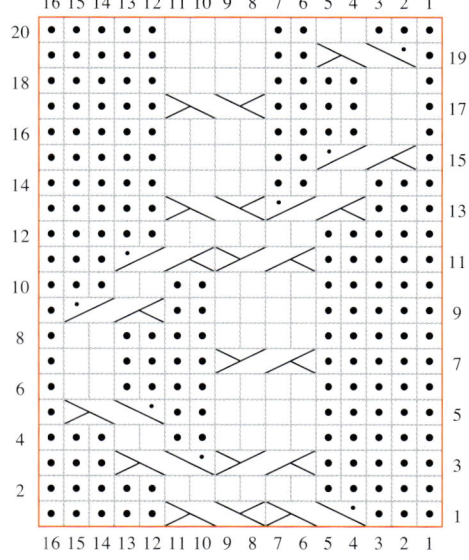

LEYENDA DEL DIAGRAMA:

Repetición de 16 p.

• D: p. del revés
R: p. del derecho

Trenza r. izq. 2/2

Trenza izq. 2/2

D: p. del derecho
R: p. del revés

Trenza dcha. 2/2

Trenza r. dcha. 2/2

Rombos de punto bobo y nudos

De una manera elegante y sencilla, se combinan dos columnas de trenzas con bodoques cuidadosamente dispuestos sobre un fondo a punto bobo. El punto bobo crea un tejido suave y ligero, ideal para prendas de ropa.

Dificultad:

CEPL: Hay que añadir 2 p. por cada 10 cm tejidos a lo ancho

Combinaciones:
Puntos Múltiplo de 19 p. más 3 p.
Repetición del patrón
De 30 hileras

H. 1 (D): *9 d., trenza dcha. 2/2, 6 d.; repita desde * hasta que queden 3 p.; 3 d.

H. 2 (R): 3 d., *6 d., 4 r., 9 d.; repita desde * hasta el final.

H. 3: *9 d., trenza izq. 2/2, 6 d.; repita desde * hasta que queden 3 p.; 3 d.

H. 4: Repita la hilera 2.

H. 5-8: Repita las hileras 1-4.

H. 9: *8 d., trenza dcha. 2/1, trenza izq. 2/1, 5 d.; repita desde * hasta que queden 3 p.; 3 d.

H. 10: 3 d., *5 d., 2 r., 2 d., 2 r., 8 d.; repita desde * hasta el final.

H. 11: *7 d., trenza dcha. 2/1, 2 d., trenza izq. 2/1, 4 d.; repita desde * hasta que queden 3 p.; 3 d.

H. 12: 3 d., *[4 d., 2 r.] 2 veces, 7 d.; repita desde * hasta el final.

H. 13: *6 d., trenza dcha. 2/1, 4 d., trenza izq. 2/1, 3 d.; repita desde * hasta que queden 3 p.; 3 d.

H. 14: 3 d., *3 d., [2 r., 6 d.] 2 veces; repita desde * hasta el final.

H. 15: *5 d., trenza dcha. 2/1, 6 d., trenza izq. 2/1, 2 d.; repita desde * hasta que queden 3 p.; 3 d.

H. 16: 3 d., *2 d., 2 r., 8 d., 2 r., 5 d.; repita desde * hasta el final.

H. 17: *4 d., trenza dcha. 2/1, 8 d., trenza izq. 2/1, 1 d.; repita desde * hasta que queden 3 p.; 3 d.

H. 18: 3 d., *1 d., 2 r., 10 d., 2 r., 4 d.; repita desde * hasta el final.

H. 19: *3 d., bod., 14 d., bod.; repita desde * hasta que queden 3 p.; 3 d.

H. 20: Repita la hilera 18.

H. 21: *4 d., trenza izq. 2/1, 8 d., trenza dcha. 2/1, 1 d.; repita desde * hasta que queden 3 p.; 3 d.

H. 22: Repita la hilera 16.

H. 23: *5 d., trenza izq. 2/1, 6 d., trenza dcha. 2/1, 2 d.; repita desde * hasta que queden 3 p.; 3 d.

H. 24: Repita la hilera 14.

H. 25: *6 d., trenza izq. 2/1, 4 d., trenza dcha. 2/1, 3 d.; repita desde * hasta que queden 3 p.; 3 d.

H. 26: Repita la hilera 12.

H. 27: *7 d., trenza izq. 2/1, 2 d., trenza dcha. 2/1, 4 d.; repita desde * hasta que queden 3 p.; 3 d.

H. 28: Repita la hilera 10.

H. 29: *8 d., trenza izq. 2/1, trenza dcha. 2/1, 5 d.; repita desde * hasta que queden 3 p.; 3 d.

H. 30: Repita la hilera 2.

Repita las hileras 1-30.

Punto especial

Bod., bodoque: [1 d., 1 r., 1 d., 1 r., 1 d.] en 1 punto, dé la vuelta a la labor, 5 r., dé la vuelta a la labor, deslice 5 puntos a la aguja dcha. como si fuera a tejerlos del revés y pase los puntos 2, 3, 4 y 5 por encima del primero para dejar 1 punto.

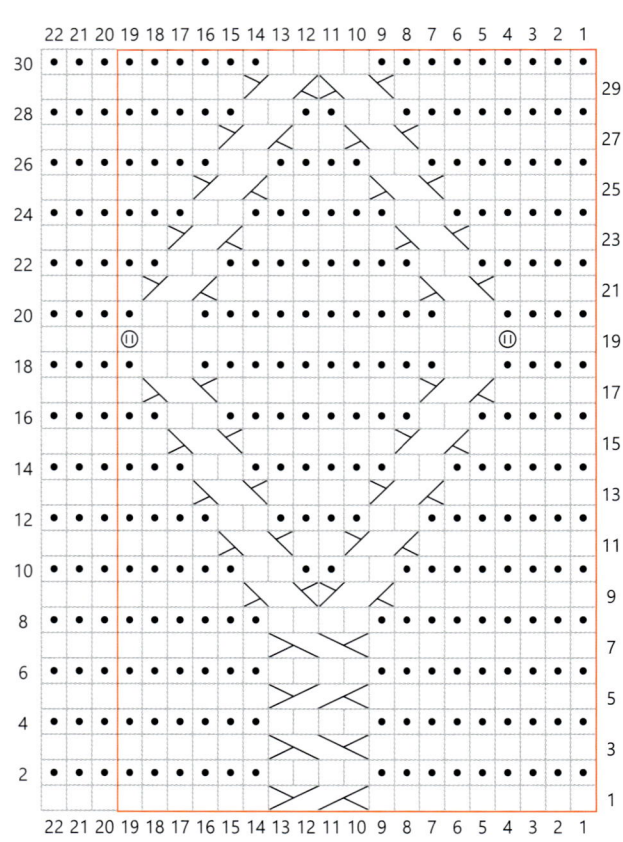

LEYENDA DEL DIAGRAMA

Repetición de 18 p.

D: p. del derecho
R: p. del revés

Trenza dcha. 2/2

• D: p. del revés
R: p. del derecho

Trenza izq. 2/2

Trenza dcha. 2/1

Trenza izq. 2/1

Ⅲ Bod.

Dificultad: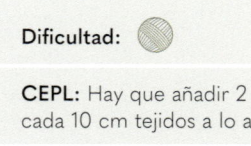

CEPL: Hay que añadir 2 p. por cada 10 cm tejidos a lo ancho

Combinaciones:
Puntos Múltiplo de 12 p. más 2 p.
Repetición del patrón
De 8 hileras

Serpientes y escaleras

Una combinación trenzada ancha que queda ideal como panel central en una prenda de ropa. También se puede dividir en tres secciones y añadir puntos bobos entre cada una para ensanchar más el panel.

H. 1 (D): *Trenza dcha. 1/1, 10 d.; repita desde * hasta que queden 2 p.; trenza dcha. 1/1.

H. 2 y todas las hileras R: *6 r., 2 d., 4 r.; repita desde * hasta que queden 2 p.; 2 r.

H. 3: 1 d., *trenza dcha. 2/2, trenza izq. 2/2; repita desde * hasta que quede 1 p.; 1 d.

H. 5: *Trenza izq. 1/1, 10 d.; repita desde * hasta que queden 2 p.; trenza izq. 1/1.

H. 7: *Trenza dcha. 1/1, 1 d., trenza izq. 2/2, trenza dcha. 2/2, 1 d.; repita desde * hasta que queden 2 p.; trenza dcha. 1/1.

H. 8: Teja puntos del derecho.

Repita las hileras 1-8.

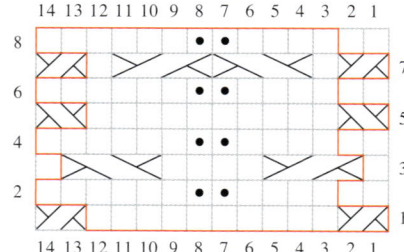

LEYENDA DEL DIAGRAMA:

☐ Repetición de 12 p.

Trenza dcha. 1/1

☐ D: p. del derecho
R: p. del revés

• D: p. del revés
R: p. del derecho

Trenza dcha. 2/2

Trenza izq. 2/2

Trenza izq. 1/1

CEPL: Hay que restar 3 p. por cada 10 cm tejidos a lo ancho

Combinaciones:
Puntos Múltiplo de 17 p. más 8 p.
Repetición del patrón
De 8 hileras

Trenza elástica calada

El hecho de combinar trenzas con otras técnicas, como el diseño calado utilizado aquí, forma un tejido más interesante y con un aspecto totalmente diferente.

H. 1 (D): *[1 d., 1 r.] 4 veces, 1 d., laz., 2 d. jun., 3 d., 2 d. jun., laz., 1 d.; repita desde * hasta que queden 8 p.; [1 d., 1 r.] 4 veces.

H. 2 y todas las hileras R: [1 d., 1 r.] 4 veces, *9 r., [1 d., 1 r.] 4 veces; repita desde * hasta el final.

H. 3: *[1 d., 1 r.] 4 veces, 2 d., laz., 2 d. jun., 1 d., 2 d. jun., laz., 2 d.; repita desde * hasta que queden 8 p.; [1 d., 1 r.] 4 veces.

H. 5: *Trenza elást. izq. 4/4, 3 d., laz., [desl. 1, 2 d. jun., pas. enc.], laz., 3 d.; repita desde * hasta que queden 8 p., trenza elást. dcha. 4/4.

H. 7: *[1 d., 1 r.] 4 veces, 9 d.; repita desde * hasta que queden 8 p.; [1 d., 1 r.] 4 veces.

H. 8: Repita la hilera 2.

Repita las hileras 1-8.

Puntos especiales

Trenza elást. izq. 4/4: Pase los 4 puntos siguientes a la aguja aux. y sujétela por delante de la labor, haga 1 d., 1 r., 1 d., 1 r. y en la aguja aux. 1 d., 1 r., 1 d., 1 r.

Trenza elást. dcha. 4/4: Pase los 4 puntos siguientes a la aguja aux. y sujétela por detrás de la labor, haga 1 d., 1 r., 1 d., 1 r. y en la aguja aux. 1 d., 1 r., 1 d., 1 r.

LEYENDA DEL DIAGRAMA:

Repetición de 17 p.

Laz.

Desl. 1, 2 d. jun., pas. enc.

Trenza elást. dcha. 4/4

D: p. del derecho
R: p. del revés

2 d. jun.

Trenza elást. izq. 4/4

D: p. del revés
R: p. del derecho

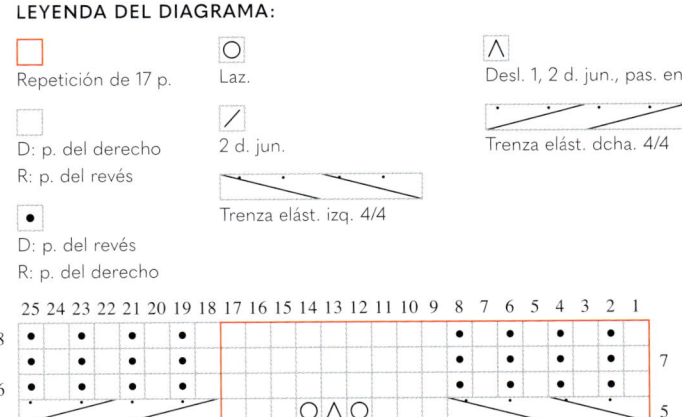

Dificultad: ● ● ●

CEPL: Hay que añadir 3 p. por cada 10 cm tejidos a lo ancho

Combinaciones:
Puntos Múltiplo de 13 p.
Repetición del patrón
De 22 hileras

Ochos con nudos

Estas trenzas de suaves curvas tienen el centro relleno de bodoques, que crean una interesante y detallada textura. El diseño puede formar un llamativo panel único o combinarse con una sencilla trenza serpenteante.

H. 1 (D): Teja puntos del derecho.

H. 2 y todas las hileras R: Teja puntos del revés.

H. 3: Teja puntos del derecho.

H. 5: Trenza dcha. 3/3, bod., trenza izq. 3/3.

H. 7: Teja puntos del derecho.

H. 9: 3 d., [bod., 2 d.] 2 veces, bod., 3 d.

H. 11: Teja puntos del derecho.

H. 13: Trenza izq. 3/3, bod., trenza dcha. 3/3.

H. 15: Teja puntos del derecho.

H. 17: Trenza dcha. 3/3, 1 d., trenza izq. 3/3.

H. 19: Teja puntos del derecho.

H. 21: Trenza izq. 3/3, 1 d., trenza dcha. 3/3.

H. 22: Teja puntos del revés.

Repita las hileras 1-22.

Punto especial

Bod., bodoque: [1 d., 1 r., 1 d., 1 r., 1 d.] en 1 punto, dé la vuelta a la labor, 5 r., dé la vuelta a la labor, deslice 5 puntos a la aguja dcha. como si fuera a tejerlos del revés y pase los puntos 2, 3, 4 y 5 por encima del primero para dejar 1 punto.

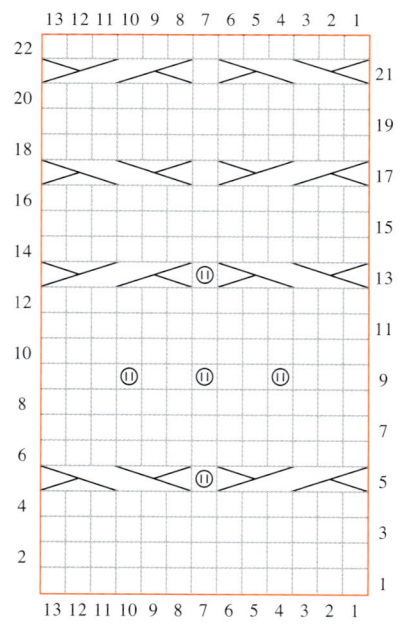

LEYENDA DEL DIAGRAMA:

Repetición de 13 p.

D: p. del derecho
R: p. del revés

Trenza dcha. 3/3

⑪ Bod.

Trenza izq. 3/3

Dificultad: ◯ ◯ ◯

CEPL: Hay que añadir 1 p. por cada 10 cm tejidos a lo ancho

Combinaciones:
Puntos Múltiplo de 18 p.
Repetición del patrón
De 18 hileras

Hoja doble calada

Las trenzas pueden ser sutiles y llamativas a la vez. Estas de dos puntos enmarcan una sección calada y crean formas parecidas a hojas. Se obtiene un tejido suave ideal para patrones integrales, pero también queda bonito a modo de panel.

H. 1 (D): *5 r., trenza dcha. 1/1, 1 d., 2 r., 1 d., trenza izq. 1/1, 5 r.; repita desde * hasta el final.

H. 2 (R.): *5 d., 3 r., 2 d., 3 r., 5 d.; repita de * hasta el final.

H. 3: *4 r., trenza dcha. 1/1, 2 d. jun., laz., 2 r., laz., [desl. 1, 1 d., pas. enc.], trenza izq. 1/1, 4 r.; repita de * hasta el final.

H. 4: *4 d., 4 r., 2 d., 4 r., 4 d.; repita desde * hasta el final.

H. 5: *3 r., trenza dcha. 1/1, 2 d. jun., laz., 1 d., 2 r., 1 d., laz., [desl. 1, 1 d., pas. enc.], trenza izq. 1/1, 3 r.; repita desde * hasta el final.

H. 6: *3 d., 5 r., 2 d., 5 r., 3 d.; repita de * hasta el final.

H. 7: *2 r., trenza dcha. 1/1, 2 d. jun., laz., 2 d., 2 r., 2 d., laz., [desl. 1, 1 d., pas. enc.], trenza izq. 1/1, 2 r.; repita desde * hasta el final.

H. 8: *[2 d., 6 r.] 2 veces, 2 d.; repita de * hasta el final.

H. 9: *1 r., trenza dcha. 1/1, 3 d., 2 d. jun., laz., 2 r., laz., [desl. 1, 1 d., pas. enc.], 3 d., trenza izq. 1/1, 1 r.; repita desde * hasta el final.

H. 10: *1 d., 6 r., 4 d., 6 r., 1 d.; repita desde * hasta el final.

H. 11: *1 r., trenza dcha. 1/1, 2 d., 2 d. jun., laz., 4 r., laz., [desl. 1, 1 d., pas. enc.], 2 d., trenza izq. 1/1, 1 r.; repita desde * hasta el final.

H. 12: *1 d., 5 r., 6 d., 5 r., 1 d.; repita de * hasta el final.

H. 13: *1 r., trenza dcha. 1/1, 1 d., 2 d. jun., laz., 6 d., laz., [desl. 1, 1 d., pas. enc.], 1 d., trenza izq. 1/1, 1 r.; repita desde * hasta el final.

H. 14: *1 d., 4 r., 8 d., 4 r., 1 d.; repita desde * hasta el final.

H. 15: *1 r., trenza r. dcha. 2/2, 8 r., trenza r. izq. 2/2, 1 r.; repita desde * hasta el final.

H. 16: *1 d., 2 r., 12 d., 2 r., 1 d.; repita de * hasta el final.

H. 17: *1 r., trenza r. dcha. 1/1, 12 r., trenza r. izq. 1/1, 1 r.; repita desde * hasta el final.

H. 18: *1 d., 1 r., 14 d., 1 r., 1 d.; repita de * hasta el final.

Repita las hileras 1-18.

LEYENDA DEL DIAGRAMA:

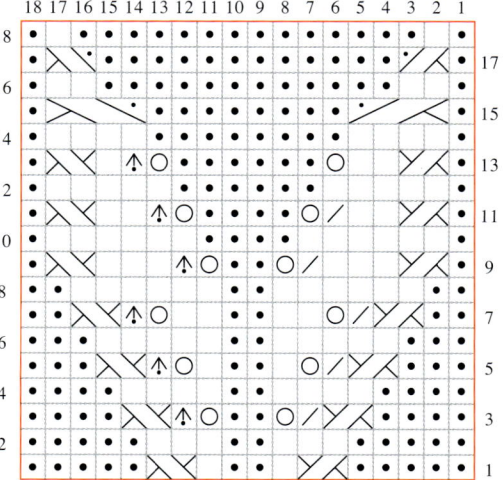

◻ Repetición de 18 p.

⊠ Trenza dcha. 1/1

⊠ Trenza izq. 1/1

• D: p. del revés / R: p. del derecho

◻ D: p. del derecho / R: p. del revés

╱ 2 d. jun.

◯ Laz.

↑ Desl. 1, 1 d., pas. enc.

Trenza r. dcha. 2/2

Trenza r. izq. 2/2

Trenza r. dcha. 1/1

Trenza r. izq. 1/1

Hierro forjado

Este complejo panel geométrico se inspira en los enrejados de hierro forjado. Las trenzas estrechas crean un tejido más suave y parecen estar dispuestas delicadamente encima de un fondo de punto liso del revés.

Dificultad: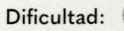

CEPL: Hay que añadir 1 p. por cada 10 cm tejidos a lo ancho

Combinaciones:
Puntos Múltiplo de 18 p. más 4 p.
Repetición del patrón
De 36 hileras más 2 hileras base

H. 1 (D): 2 d., *4 d., 4 r., 2 d., 4 r., 4 d.; repita desde * hasta que queden 2 p.; 2 d.

H. 2 (R.): 2 r., *4 r., 4 d., 2 r., 4 d., 4 r.; repita desde * hasta que queden 2 p.; 2 r.

H. 3: 2 d., *2 d., [trenza dcha. 1/1, 4 r.] 2 veces, trenza dcha. 1/1, 2 d.; repita desde * hasta que queden 2 p.; 2 d.

H. 4: Repita la hilera 2.

H. 5: 2 d., *1 d., trenza r. dcha. 1/1, trenza r. izq. 1/1, 2 r., trenza dcha. 1/1, trenza izq. 1/1, 2 r., trenza r. dcha. 1/1, trenza r. izq. 1/1, 1 d.; repita desde * hasta que queden 2 p.; 2 d.

H. 6: 2 r., *2 r., 2 d., 1 r., 2 d., 4 r., 2 d., 1 r., 2 d., 2 r.; repita desde * hasta que queden 2 p.; 2 r.

H. 7: Trenza r. izq. 1/1, *trenza r. dcha. 1/1, 2 r., trenza r. izq. 1/1, trenza dcha. 1/1, 2 d., trenza izq. 1/1, trenza r. dcha. 1/1, 2 r., trenza r. izq. 1/1; repita desde * hasta que queden 2 p.; trenza r. dcha. 1/1.

H. 8: 1 d., 1 r., *1 r., 4 d., 8 r., 4 d., 1 r.; repita desde * hasta que queden 2 p.; 1 r., 1 d.

H. 9: 1 r., *trenza dcha. 1/1, 4 r., trenza izq. 1/1, 4 d., trenza dcha. 1/1, 4 r.; repita desde * hasta que queden 3 p.; trenza dcha. 1/1, 1 r.

H. 10: Repita la hilera 8.

H. 11: 1 r., 1 d., *1 d., 3 r., trenza dcha. 1/1, trenza izq. 1/1, 2 d., trenza dcha. 1/1, trenza izq. 1/1, 3 r., 1 d.; repita desde * hasta que queden 2 p.; 1 d., 1 r.

H. 12: 1 d., 1 r., *1 r., 3 d., 10 r., 3 d., 1 r.; repita desde * hasta que queden 2 p.; 1 r., 1 d.

H. 13: 1 r., *trenza dcha. 1/1, 2 r., [trenza dcha. 1/1, 2 d., trenza izq. 1/1] 2 veces, 2 r.; repita desde * hasta que queden 3 p.; trenza dcha. 1/1, 1 r.

H. 14: 1 d., 1 r., *1 r., 2 d., 12 r., 2 d., 1 r.; repita desde * hasta que queden 2 p.; 1 r., 1 d.

H. 15: 1 r., 1 d., *1 d., 2 r., 5 d., trenza dcha. 1/1, 5 d., 2 r., 1 d.; repita desde * hasta que queden 2 p.; 1 d., 1 r.

H. 16: Repita la hilera 14.

H. 17: 1 r., *trenza dcha. 1/1, 2 r., trenza r. izq. 1/1, 2 d., trenza dcha. 1/1, trenza izq. 1/1, 2 d., trenza r. dcha. 1/1, 2 r.; repita desde * hasta que queden 3 p.; trenza dcha. 1/1, 1 r.

H. 18: Repita la hilera 12.

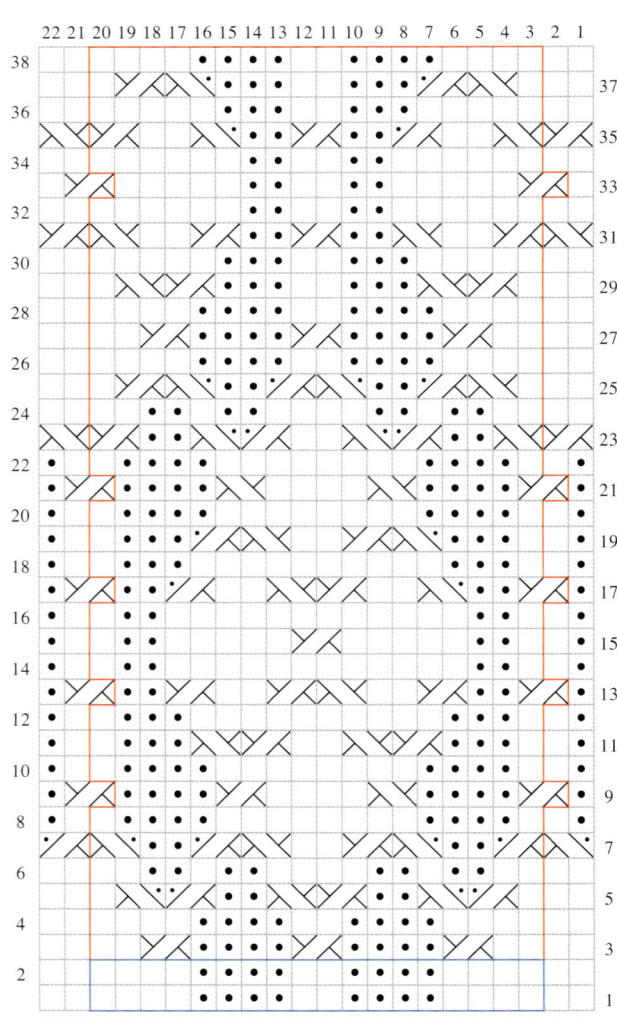

LEYENDA DEL DIAGRAMA:

D: p. del derecho
R: p. del revés

Hileras base (se hacen una vez)

• D: p. del revés
R: p. del derecho

Repetición de 18 p.

Trenza dcha. 1/1

Trenza r. dcha. 1/1

Trenza r. izq. 1/1

Trenza izq. 1/1

H. 19: 1 r., 1 d., *1 d., 3 r., trenza r izq. 1/1, trenza dcha. 1/1, 2 d., trenza izq. 1/1, trenza r. dcha. 1/1, 3 r., 1 d.; repita desde * hasta que queden 2 p.; 1 d., 1 r.

H. 20: Repita la hilera 8.

H. 21: Repita la hilera 9.

H. 22: Repita la hilera 8.

H. 23: Trenza dcha. 1/1, *trenza izq. 1/1, 2 r., trenza r. dcha. 1/1, trenza r. izq. 1/1, 2 d., trenza r. dcha. 1/1, trenza r. izq. 1/1, 2 r., trenza dcha. 1/1; repita desde * hasta que queden 2 p.; trenza izq. 1/1.

H. 24: Repita la hilera 6.

H. 25: 2 d., *1 d., trenza izq. 1/1, [trenza r. dcha. 1/1, 2 r., trenza r. izq. 1/1] 2 veces, trenza dcha. 1/1, 1 d.; repita desde * hasta que queden 2 p.; 2 d.

H. 26: Repita la hilera 2.

H. 27: Repita la hilera 3.

H. 28: Repita la hilera 2.

H. 29: 2 d., *1 d., trenza dcha. 1/1, trenza izq. 1/1, 3 r., 2 d., 3 r., trenza dcha. 1/1, trenza izq. 1/1, 1 d.; repita desde * hasta que queden 2 p.; 2 d.

H. 30: 2 r., *5 r., 3 d., 2 r., 3 d., 5 r.; repita desde * hasta que queden 2 p.; 2 r.

H. 31: Trenza izq. 1/1, *trenza dcha. 1/1, 2 d., trenza izq. 1/1, [2 r., trenza dcha. 1/1] 2 veces, 2 d., trenza izq. 1/1; repita desde * hasta que queden 2 p.; trenza dcha. 1/1.

H. 32: 2 r., *6 r., 2 d., 2 r., 2 d., 6 r.; repita desde * hasta que queden 2 p.; 2 r.

H. 33: 1 d., *trenza dcha. 1/1, 5 d., 2 r., 2 d., 2 r., 5 d.; repita desde * hasta que queden 3 p.; trenza dcha. 1/1, 1 d.

H. 34: Repita la hilera 32.

H. 35: Trenza dcha. 1/1, *trenza izq. 1/1, 2 d., trenza r. dcha. 1/1, 2 r., trenza dcha. 1/1, 2 r., trenza r. izq. 1/1, 2 d., trenza dcha. 1/1; repita desde * hasta que queden 2 p.; trenza izq. 1/1.

H. 36: Repita la hilera 30.

H. 37: 2 d., *1 d., trenza izq. 1/1, trenza r. dcha. 1/1, 3 r., 2 d., 3 r., trenza r. izq. 1/1, trenza dcha. 1/1, 1 d.; repita desde * hasta que queden 2 p.; 2 d.

H. 38: Repita la hilera 2.

Repita las hileras 3-38.

Dificultad:

CEPL: Hay que añadir 18 p. por cada 10 cm tejidos a lo ancho

Combinaciones:
Puntos Múltiplo de 16 p. más 4 p.
Repetición del patrón
De 16 hileras

Trenza de punto bobo elástica doble reversible

Tener trenzas reversibles en el repertorio siempre es práctico, y este punto es una gran opción. Utilícelo en bufandas y otros proyectos que tengan ambas caras del tejido visibles.

H. 1 (D): *5 d., [1 r., 1 d.] 5 veces, 1 r.; repita desde * hasta que queden 4 p.; 4 d.

H. 2 y todas las hileras R: *4 d., [1 d., 1 r.] 6 veces, 4 d.; repita desde * hasta el final.

H. 3: Repita la hilera 1.

H. 5: Repita la hilera 1.

H. 7: Repita la hilera 1.

H. 9: *4 d., trenza elást. izq. 2/2, [1 d., 1 r.] 4 veces; repita desde * hasta que queden 4 p.; 4 d.

H. 11: Repita la hilera 1.

H. 13: *5 d., 1 r., 1 d., 1 r., trenza elást. dcha. 4/4; repita desde * hasta que queden 4 p.; 4 d.

H. 15: Repita la hilera 9.

H. 16: Repita la hilera 2.

Repita las hileras 1-16.

Puntos especiales

Trenza elást. izq. 2/2: Pase los 2 puntos siguientes a la aguja aux. y sujétela por delante de la labor, haga 1 d., 1 r. y en la aguja aux. 1 d., 1 r.

Trenza elást. dcha. 4/4: Pase los 4 puntos siguientes a la aguja aux. y sujétela por detrás de la labor, haga 1 d., 1 r., 1 d., 1 r. y en la aguja aux. 1 d., 1 r., 1 d., 1 r.

LEYENDA DEL DIAGRAMA:

Repetición de 16 p.

D: p. del derecho
R: p. del revés

• D: p. del revés
R: p. del derecho

Trenza elást. dcha. 4/4

Trenza elást. izq. 2/2

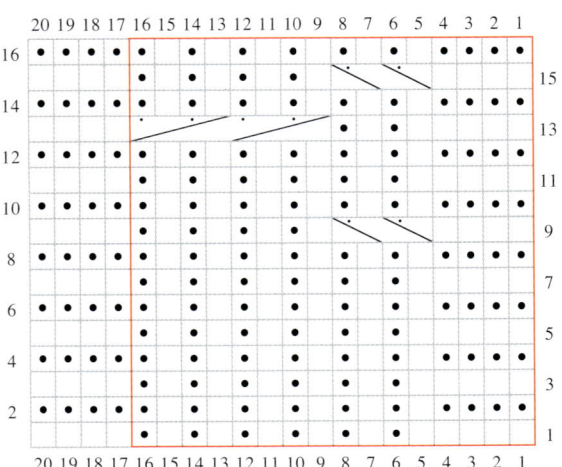

Trenza elástica y de punto arroz reversible

Los puntos del derecho y del revés dispuestos cuidadosamente crean una impresionante trenza reversible. Las interesantes trenzas elásticas y el punto arroz quedan igual de bien por ambas caras del tejido.

H. 1 (D): *[1 d., 1 r.] 8 veces; repita desde * hasta que queden 4 p.; [1 d., 1 r.] 2 veces.

H. 2 (R.): [1 r., 1 d.] 2 veces, *[1 d., 1 r.] 5 veces, 1 d., 2 r., 1 d., 1 r., 1 d.; repita desde * hasta el final.

H. 3 y 4: Repita las hileras 1 y 2.

H. 5: *[1 d., 1 r.] 8 veces; repita desde * hasta que queden 4 p.; [1 d., 1 r.] 2 veces.

H. 6: [1 r., 1 d.] 2 veces, *[1 d., 1 r.] 5 veces, 1 d., 2 r., 1 d., 1 r., 1 d.; repita desde * hasta el final.

H. 7 y 8: Repita las hileras 5 y 6.

H. 9: *[1 d., 1 r.] 2 veces, trenza elást. izq. 6/6; repita desde * hasta que queden 4 p.; [1 d., 1 r.] 2 veces.

H. 10: Repita la hilera 6.

H. 11: Repita la hilera 5.

H. 12 y 13: Repita las hileras 10 y 11.

H. 14: Repita la hilera 6.

H. 15: *[1 d., 1 r.] 4 veces, trenza elást. izq. 2/2, [1 d., 1 r.] 2 veces; repita desde * hasta que queden 4 p.; [1 d., 1 r.] 2 veces.

H. 16 y 17: Repita las hileras 14 y 15.

H. 18: [1 r., 1 d.] 2 veces, *[1 d., 1 r.] 8 veces; repita desde * hasta el final.

H. 19: Repita la hilera 15.

H. 20: Repita la hilera 18.

Repita las hileras 5-20.

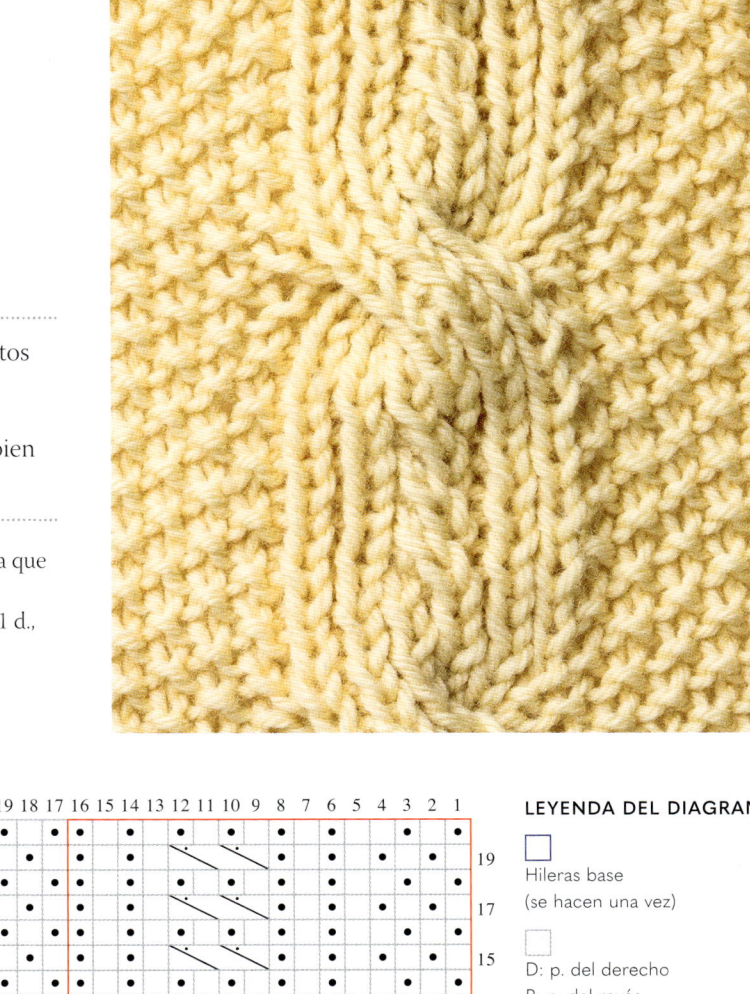

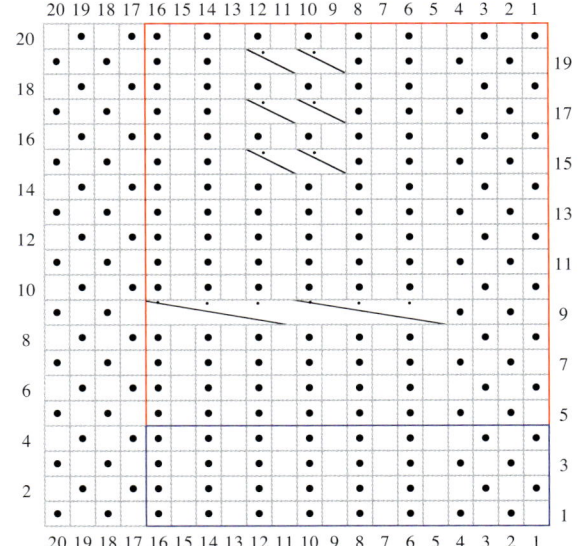

LEYENDA DEL DIAGRAMA:

Hileras base
(se hacen una vez)

D: p. del derecho
R: p. del revés

D: p. del revés
R: p. del derecho

Repetición de 16 p.

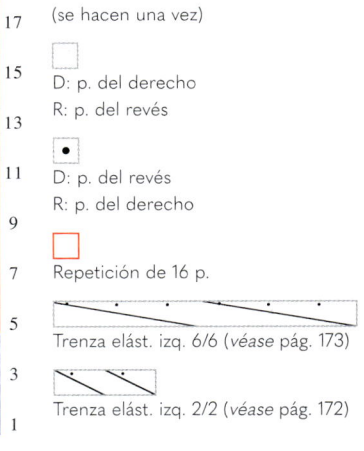

Trenza elást. izq. 6/6 (*véase* pág. 173)

Trenza elást. izq. 2/2 (*véase* pág. 172)

CAPÍTULO CINCO

Motivos y paneles

Este capítulo se centra en las trenzas que tienen suficiente presencia como para destacar a solas, a modo de motivo o panel únicos. Exploramos la técnica del «círculo ilimitado», que permite crear diseños que parecen «flotar» como un elemento independiente en el centro de una pieza.

Óvalos entrelazados

Este diseño tiene un aire ligero y rítmico. Queda bonito como motivo único, pero puede trabajar dos o más repeticiones del patrón para dar más altura e interés a una pieza más grande.

Dificultad:

CEPL: Hay que añadir 6 p. por cada 10 cm tejidos a lo ancho

Combinaciones:
Puntos 28 p.
Repetición del patrón
De 28 hileras

H. 1 (D): 6 r., [4 d., 2 r.] 2 veces, 4 d., 6 r.

H. 2 (R.): 6 d., [4 r., 2 d.] 2 veces, 4 r., 6 d.

H. 3: 5 r., [trenza r. dcha. 2/1, trenza r. izq. 2/1] 3 veces, 5 r.

H. 4: 5 d., 2 r., [2 d., 4 r.] 2 veces, 2 d., 2 r., 5 d.

H. 5: 4 r., trenza r. dcha. 2/1, [2 r., trenza dcha. 2/2] 2 veces, 2 r., trenza r. izq. 2/1, 4 r.

H. 6: 4 d., 2 r., 3 d., 4 r., 2 d., 4 r., 3 d., 2 r., 4 d.

H. 7: 3 r., trenza r. dcha. 2/1, 2 r., [trenza r. dcha. 2/1, trenza r. izq. 2/1] 2 veces, 2 r., trenza r. izq. 2/1, 3 r.

H. 8: [3 d., 2 r.] 2 veces, 2 d., 4 r., 2 d., [2 r., 3 d.] 2 veces.

H. 9: [2 r., trenza r. dcha. 2/1] 2 veces, 2 r., trenza izq. 2/2, [2 r., trenza r. izq. 2/1] 2 veces, 2 r.

H. 10: 2 d., [2 r., 3 d.] 2 veces, 4 r., 4 d., 1 r., 3 d., 2 r., 2 d.

H. 11: 1 r., [trenza r. dcha. 2/1, 2 r.] 2 veces, trenza r. dcha. 2/1, [trenza r. izq. 2/1, 2 r.] 2 veces, trenza r. izq. 2/1, 1 r.

H. 12: 1 d., [2 r., 3 d.] 2 veces, 2 r., 2 d., [2 r., 3 d.] 2 veces, 2 r., 1 d.

H. 13: 1 r., [2 d., 3 r.] 2 veces, 2 d., 2 r., [2 d., 3 r.] 2 veces, 2 d., 1 r.

H. 14-17: Repita las hileras 12 y 13.

H. 18: Repita la hilera 12.

H. 19: 1 r., [trenza r. izq. 2/1, 2 r.] 2 veces, trenza r. izq. 2/1, [trenza r. dcha. 2/1, 2 r.] 2 veces, trenza r. dcha. 2/1, 1 r.

H. 20: 2 d., [2 r., 3 d.] 2 veces, 4 r., [3 d., 2 r.] 2 veces, 2 d.

H. 21: [2 r., trenza r. izq. 2/1] 2 veces, 2 r., trenza izq. 2/2, [2 r., trenza r. dcha. 2/1] 2 veces, 2 r.

H. 22: Repita la hilera 8.

H. 23: 3 r., trenza r. izq. 2/1, 2 r., [trenza r. izq. 2/1, trenza r. dcha. 2/1] 2 veces, 2 r., trenza r. dcha. 2/1, 3 r.

H. 24: Repita la hilera 6.

H. 25: 4 r., trenza r. izq. 2/1, [2 r., trenza dcha. 2/2] 2 veces, 2 r., trenza r. dcha. 2/1, 4 r.

H. 26: Repita la hilera 4.

H. 27: 5 r., [trenza r. izq. 2/1, trenza r. dcha. 2/1] 3 veces, 5 r.

H. 28: Repita la hilera 2.

LEYENDA DEL DIAGRAMA:

- • D: p. del revés / R: p. del derecho
- ☐ D: p. del derecho / R: p. del revés
- Trenza r. dcha. 2/1
- Trenza dcha. 2/2
- Trenza r. izq. 2/1
- Trenza izq. 2/2

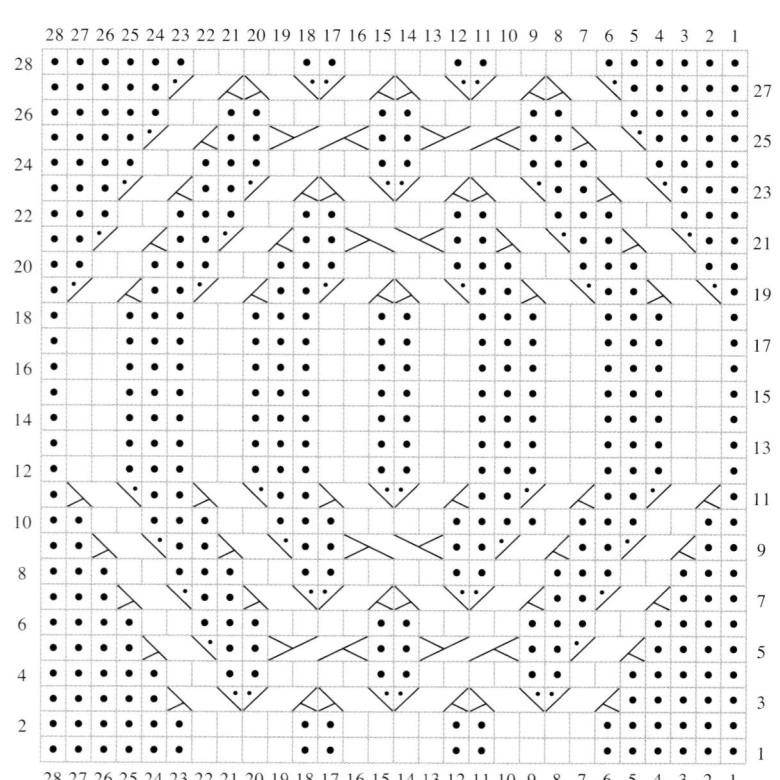

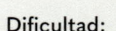
Bretzel

La inspiración llega de cualquier parte. ¡Este motivo se basa en uno de mis tentempiés preferidos!

H. 1 (D): Teja puntos del derecho. (17 p.)

H. 2 (R.): Teja puntos del revés.

H. 3: 3 r., trenza r. izq. 2/1, 2 r., aum. 1, aum. 1 a 3, aum. 1, 2 r., trenza r. dcha. 2/1, 3 r. (21 p.)

H. 4: 4 d., 2 r., 2 d., 5 r., 2 d., 2 r., 4 d.

H. 5: 4 r., trenza izq. 2/1, 7 d., trenza dcha. 2/1, 4 r.

H. 6: 3 d., 4 r., 7 d., 4 r., 3 d.

H. 7: 4 r., aum. 1, aum. 1 a 3, aum. 1, trenza r. izq. 2/2, 3 r., trenza r. dcha. 2/2, aum. 1, aum. 1 a 3, aum. 1, 4 r. (29 p.)

H. 8: 4 d., 2 r., 5 d., 2 r., 3 d., 2 r., 5 d., 2 r., 4 d.

H. 9: 2 r., trenza r. dcha. 2/2, 5 r., trenza r. izq. 2/1, 1 r., trenza r. dcha. 2/1, 5 r., trenza r. izq. 2/2, 2 r.

H. 10: 2 d., 2 r., 8 d., 2 r., 1 d., 2 r., 8 d., 2 r., 2 d.

H. 11: 1 r., trenza r. dcha. 2/1, 8 r., trenza r. dcha. 2/1/2, 8 r., trenza r. izq. 2/1, 1 r.

H. 12: [1 d., 2 r., 9 d., 2 r.] 2 veces, 1 d.

H. 13: [1 r., 2 d., 9 r., 2 d.] 2 veces, 1 r.

H. 14 y 15: Repita las hileras 12 y 13.

H. 16: Repita la hilera 12.

H. 17: 1 r., trenza r. izq. 2/1, 8 r., trenza r. dcha. 2/1/2, 8 r., trenza r. dcha. 2/1, 1 r.

H. 18: Repita la hilera 10.

H. 19: 2 r., trenza r. izq. 2/1, 5 r., trenza r. dcha. 2/2, 1 r., trenza r. izq. 2/2, 5 r., trenza r. dcha. 2/1, 2 r.

H. 20: 3 d., 2 r., 5 d., 2 r., dism. 5 a 1, 2 r., 5 d., 2 r., 3 d. (25 p.)

H. 21: 3 r., trenza r. izq. 2/2, 1 d., trenza r. dcha. 2/2, 1 r., trenza r. izq. 2/2, 1 d., trenza r. dcha. 2/2, 3 r.

H. 22: [5 d., dism. 5 a 1] 2 veces, 5 d. (17 p.)

LEYENDA DEL DIAGRAMA:

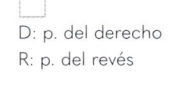 D: p. del derecho / R: p. del revés

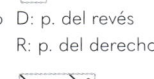 D: p. del revés / R: p. del derecho

 D: aum. 1

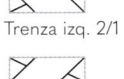 Trenza izq. 2/1

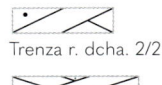 Trenza r. dcha. 2/2

Ningún punto

 Trenza r. izq. 2/1

Aum. 1 a 3

 Trenza dcha. 2/1

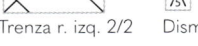 Trenza r. dcha. 2/1/2

Trenza r. dcha. 2/1

Trenza r. izq. 2/2

Dism. 5 a 1

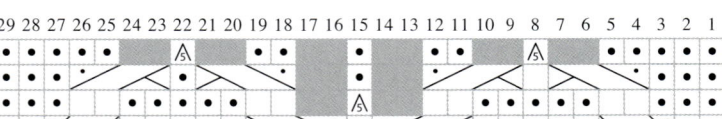

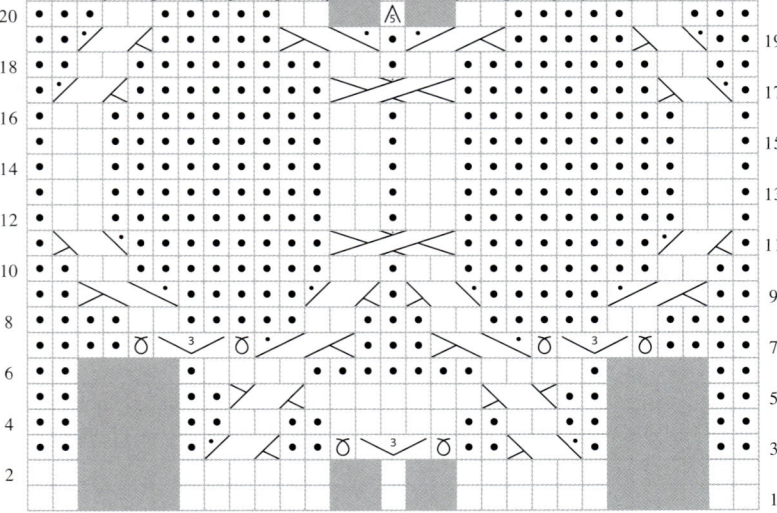

CEPL: Hay que restar 2 o 3 p. por cada 10 cm tejidos a lo ancho

Combinaciones:
Puntos 7 p. con recuento de puntos variable
Repetición del patrón
De 20 hileras

Círculo ilimitado de 3 puntos

Parte esencial del repertorio de cualquier tejedor de trenzas, los círculos ilimitados permiten hacer motivos que empiezan y terminan en medio del tejido. Los aumentos requieren algo de práctica, pero merece la pena aprender a hacerlos bien para conseguir curvas pulcras.

H. 1 (D): Teja puntos del revés. (7 p.)

H. 2 (R): Teja puntos del derecho.

H. 3: 3 r., aum. 1, aum. 1 a 3, aum. 1, 3 r. (11 p.)

H. 4: 3 d., 2 r., (1 r., laz., 1 r.) en 1 p., 2 r., 3 d. (13 p.)

H. 5: 2 r., trenza r. dcha. 3/1, 1 r. det., trenza r. izq. 3/1, 2 r.

H. 6: 2 d., 3 r., 3 d., 3 r., 2 d.

H. 7: 1 r., trenza r. dcha. 3/1, 3 r., trenza r. izq. 3/1, 1 r.

H. 8: 1 d., 3 r., 5 d., 3 r., 1 d.

H. 9: Trenza r. dcha. 3/1, 5 r., trenza r. izq. 3/1.

H. 10: 3 r., 7 d., 3 r.

H. 11: 3 d., 7 r., 3 d.

H. 12: Repita la hilera 10.

H. 13: Trenza r. izq. 3/1, 5 r., trenza r. dcha. 3/1.

H. 14: Repita la hilera 8.

H. 15: 1 r., trenza r. izq. 3/1, 3 r., trenza r. dcha. 3/1, 1 r.

H. 16: Repita la hilera 6.

H. 17: 2 r., trenza r. izq. 3/1, 1 r., trenza r. dcha. 3/1, 2 r.

H. 18: 3 d., dism. 7 a 1, 3 d. (7 p.)

H. 19: 3 r., 1 r. det., 3 r.

H. 20: Teja puntos del derecho.

LEYENDA DEL DIAGRAMA:

D: p. del revés
R: p. del derecho

Ningún punto

D: aum. 1
R: aum. 1-r

D: p. del derecho
R: p. del revés

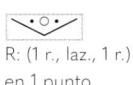
Aum. 1 a 3

R: (1 r., laz., 1 r.) en 1 punto

Trenza r. dcha. 3/1

D: r. det.
R: d. det.

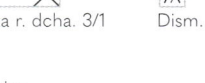
Trenza r. izq. 3/1

Dism. 7 a 1

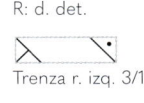

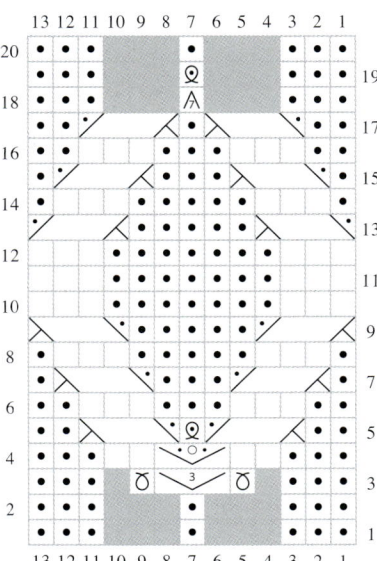

Nudo celta

Una versión simplificada de un tatuaje que simboliza la eternidad. Literalmente, ¡podríamos pasarnos la eternidad creando trenzas de inspiración celta!

Dificultad:

CEPL: Hay que restar 3 p. por cada 10 cm tejidos a lo ancho

Combinaciones:
Puntos 18 p. con recuento de puntos variable
Repetición del patrón De 38 hileras

H. 1 (D): 8 r., 1 d., 9 r. (18 p.)

H. 2 (R.): 9 d., 1 r., 8 d.

H. 3: 8 r., aum. 1, aum. 1 a 3, aum. 1, 9 r. (22 p.)

H. 4: 9 d., 2 r., (1 r., laz., 1 r.) en 1 p., 2 r., 8 d. (24 p.)

H. 5: 7 r., trenza r. dcha. 3/1, 1 r. det., trenza r. izq. 3/1, 8 r.

H. 6: 8 d., 3 r., 3 d., 3 r., 7 d.

H. 7: 6 r., trenza r. dcha. 3/1, 3 r., trenza r. izq. 3/1, 7 r.

H. 8: 7 d., 3 r., 5 d., 3 r., 6 d.

H. 9: 6 r., 3 d., 5 r., 3 d., 7 r.

H. 10: Repita la hilera 8.

H. 11: 6 r., trenza r. izq. 3/1, 3 r., trenza r. dcha. 3/1, 7 r.

H. 12: Repita la hilera 6.

H. 13: 7 r., trenza r. izq. 3/1, 1 r., trenza r. dcha. 3/1, 8 r.

H. 14: 9 d., 3 r., 1 d., 3 r., 8 d.

H. 15: 2 r., aum. 1, aum. 1 a 3, aum. 1, 5 r., trenza r. izq. 3/1/3, 5 r., aum. 1, aum. 1 a 3, aum. 1, 3 r. (32 p.)

H. 16: 3 d., 2 r., (1 r., laz., 1 r.) en 1 p., 2 r., 5 d., 3 r., 1 d., 3 r., 5 d., 2 r., (1 r., laz., 1 r.) en 1 p., 2 r., 2 d. (36 p.)

H. 17: 1 r., trenza r. dcha. 3/1, 1 r. det., trenza r. izq. 3/1, 3 r., trenza r. dcha. 3/1, 1 r., trenza r. izq. 3/1, 3 r., trenza r. dcha. 3/1, 1 r. det., trenza r. izq. 3/1, 2 r.

H. 18: 2 d., [3 r., 3 d.] 5 veces, 3 r., 1 d.

H. 19: [Trenza r. dcha. 3/1, 3 r., trenza r. izq. 3/1, 1 r.] 3 veces.

H. 20: [1 d., 3 r., 5 d., 3 r.] 3 veces.

H. 21: 3 d., [5 r., trenza r. dcha. 3/1/3] 2 veces, 5 r., 3 d., 1 r.

H. 22: Repita la hilera 20.

H. 23: [Trenza r. izq. 3/1, 3 r., trenza r. dcha. 3/1, 1 r.] 3 veces.

H. 24: Repita la hilera 18.

H. 25: 1 r., [trenza r. izq. 3/1, 1 r., trenza r. dcha. 3/1, 3 r.] 2 veces, trenza r. izq. 3/1, 1 r., trenza r. dcha. 3/1, 2 r.

H. 26: 3 d., dism. 7 a 1, 5 d., 3 r., 1 d., 3 r., 5 d., dism. 7 a 1, 2 d. (24 p.)

H. 27: 8 r., trenza r. izq. 3/1/3, 9 r.

H. 28: Repita la hilera 14.

H. 29: 7 r., trenza r. dcha. 3/1, 1 r., trenza r. izq. 3/1, 8 r.

H. 30: Repita la hilera 6.

H. 31: Repita la hilera 7.

H. 32: Repita la hilera 8.

H. 33: Repita la hilera 9.

H. 34: Repita la hilera 8.

H. 35: Repita la hilera 11.

H. 36: Repita la hilera 6.

H. 37: Repita la hilera 13.

H. 38: 9 d., dism. 7 a 1, 8 d. (18 p.)

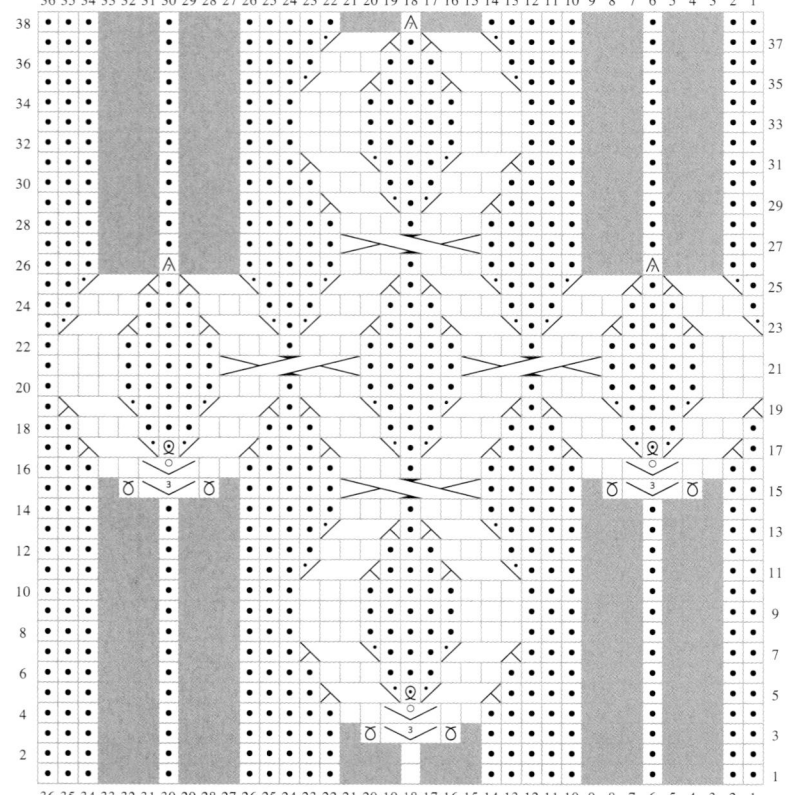

LEYENDA DEL DIAGRAMA:

- • D: p. del revés / R: p. del derecho
- ☐ D: p. del derecho / R: p. del revés
- ▨ Ningún punto
- ⌀ D: aum. 1 / R: aum. 1-r
- Aum. 1 a 3
- R: (1 r., laz., 1 r.) en 1 punto
- Trenza r. dcha. 3/1
- ⊚ D: r. det. / R: d. det.
- Trenza r. izq. 3/1
- Trenza r. izq. 3/1/3
- Trenza r. dcha. 3/1/3
- Λ Dism. 7 a 1

Rombo retorcido
de punto arroz y punto bobo

Los motivos con trenzas también quedan espectaculares sobre un fondo con textura. Esta combinación arlequinada de punto arroz y punto bobo hace que el rombo central destaque.

Dificultad: ◉ ◉ ◉

CEPL: Hay que añadir 3 p. por cada 10 cm tejidos a lo ancho

Combinaciones:
Puntos 21 p. con recuento de puntos variable
Repetición del patrón De 38 hileras

H. 1 (D): 10 r., 2 d., [1 r., 1 d.] 4 veces, 1 r. (21 p.)

H. 2 (R.): [1 r., 2 d.] 5 veces, 11 r.

H. 3: 10 r., aum. 1, aum. 1 a 3, aum. 1, [1 d., 1 r.] 5 veces. (25 p.)

H. 4: [1 r., 1 d.] 5 veces, 15 r.

H. 5: 8 r., trenza dcha. 2/2, 1 d., trenza izq. 2/2, [1 d., 1 r.] 4 veces.

H. 6: [1 r., 1 d.] 4 veces, 17 r.

H. 7: 6 r., trenza r. dcha. 2/2, trenza dcha. 3/2, trenza r. izq. 2/2, [1 d., 1 r.] 3 veces.

H. 8: [1 r., 1 d.] 3 veces, 2 r., 2 d., 5 r., 2 d., 8 r.

H. 9: 5 r., trenza r. dcha. 2/1, 2 r., 5 d., 2 r., trenza r. izq. 2/1, [1 r., 1 d.] 2 veces, 1 r.

H. 10: [1 r., 1 d.] 2 veces, 3 r., 3 d., 5 r., 3 d., 7 r.

H. 11: 4 r., trenza r. dcha. 2/1, 3 r., trenza dcha. 3/2, 3 r., trenza r. izq. 2/1, [1 d., 1 r.] 2 veces.

H. 12: [1 r., 1 d.] 2 veces, 2 r., 4 d., 5 r., 4 d., 6 r.

H. 13: 3 r., trenza r. dcha. 2/1, 4 r., 5 d., 4 r., trenza r. izq. 2/1, 1 r., 1 d., 1 r.

H. 14: 1 r., 1 d., 3 r., [5 d., 5 r.] 2 veces.

H. 15: 2 r., trenza r. dcha. 2/1, 5 r., trenza dcha. 3/2, 5 r., trenza r. izq. 2/1, 1 d., 1 r.

H. 16: 1 r., 1 d., 2 r., 6 d., 5 r., 6 d., 4 r.

H. 17: 1 r., trenza r. dcha. 2/1, 6 r., 5 d., 6 r., trenza r. izq. 2/1, 1 r.

H. 18: 3 r., 7 d., 5 r., 7 d., 3 r.

H. 19: Trenza r. dcha. 2/1, 7 r., trenza dcha. 3/2, 7 r., trenza r. izq. 2/1.

H. 20: 2 r., 8 d., 5 r., 8 d., 2 r.

H. 21: Trenza izq. 2/1, 7 r., 5 d., 7 r., trenza dcha. 2/1.

H. 22: 1 d., 2 r., 7 d., 5 r., 7 d., 2 r., 1 d.

H. 23: 1 d., trenza r. izq. 2/1, 6 r., trenza dcha. 3/2, 6 r., trenza dcha. 2/1, 1 d.

H. 24: 2 d., 2 r., 6 d., 5 r., 6 d., 3 r., 1 d.

H. 25: 1 d., 1 r., trenza izq. 2/1, 5 r., 5 d., 5 r., trenza dcha. 2/1, 2 d.

H. 26: 3 d., 2 r., 5 d., 5 r., 5 d., 2 r., 1 d., 1 r., 1 d.

H. 27: 1 d., 1 r., 1 d., trenza r. izq. 2/1, 4 r., trenza dcha. 3/2, 4 r., trenza dcha. 2/1, 3 d.

H. 28: 4 d., 2 r., 4 d., 5 r., 4 d., 3 r., 1 d., 1 r., 1 d.

H. 29: [1 d., 1 r.] 2 veces, trenza izq. 2/1, 3 r., 5 d., 3 r., trenza dcha. 2/1, 4 d.

H. 30: 5 d., 2 r., 3 d., 5 r., 3 d., 2 r., [1 d., 1 r.] 2 veces, 1 d.

H. 31: [1 d., 1 r.] 2 veces, 1 d., trenza r. izq. 2/1, 2 r., trenza dcha. 3/2, 2 r., trenza dcha. 2/1, 5 d.

H. 32: 6 d., 2 r., 2 d., 5 r., 2 d., 3 r., [1 d., 1 r.] 2 veces, 1 d.

H. 33: [1 d., 1 r.] 3 veces, trenza izq. 2/2, 5 d., trenza dcha. 2/2, 6 d.

H. 34: 8 d., 10 r., [1 d., 1 r.] 3 veces, 1 d.

H. 35: [1 d., 1 r.] 4 veces, trenza izq. 2/2, 1 d., trenza dcha. 2/2, 8 d.

H. 36: 10 d., dism. 5 a 1, [1 r., 1 d.] 5 veces. (21 p.)

H. 37: [1 d., 1 r.] 5 veces, 11 d.

H. 38: 10 d., 2 r., [1 d., 1 r.] 4 veces, 1 d.

LEYENDA DEL DIAGRAMA:

• D: p. del revés R: p. del derecho

▨ Ningún punto

☐ D: p. del derecho R: p. del revés

Ʊ D: aum. 1 R: aum. 1-r

⋁ Aum. 1 a 3

⤬ Trenza dcha. 2/2

⤬ Trenza izq. 2/2

⤬ Trenza r. dcha. 2/2

⤬ Trenza dcha. 3/2

⤬ Trenza r. izq. 2/2

⟋ Trenza r. dcha. 2/1

⟍ Trenza r. izq. 2/1

⟋ Trenza izq. 2/1

⟍ Trenza dcha. 2/1

⋏ Dism. 5 a 1

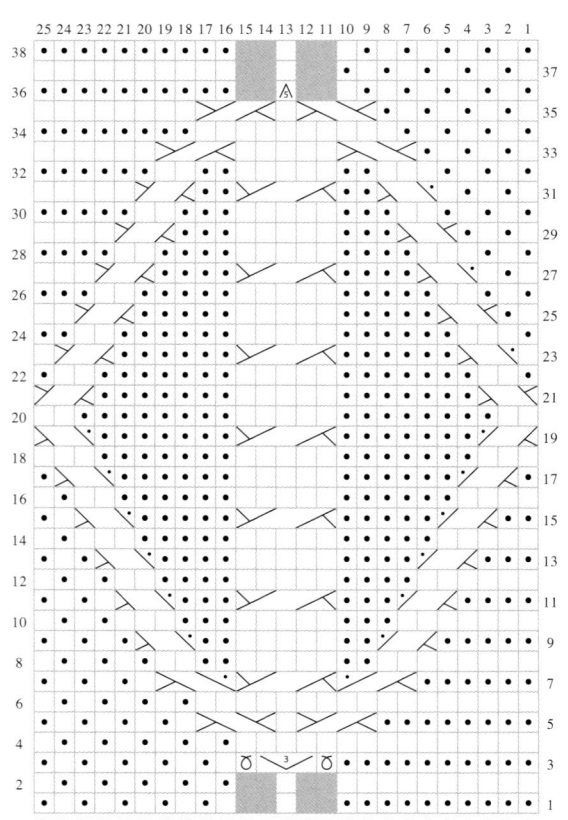

Triqueta

Un conocido símbolo celta, la triqueta, triquetra o nudo de la trinidad tiene múltiples significados. Simboliza el ciclo de la vida y la muerte, la mente, el cuerpo y el espíritu, y puede encontrarse en muchos lugares y culturas.

Dificultad: ◯ ◯ ◯

CEPL: Hay que añadir 2 p. por cada 10 cm tejidos a lo ancho

Combinaciones:
Puntos 21 p. con recuento de puntos variable
Repetición del patrón
De 32 hileras

H. 1 (D): Teja puntos del revés. (21 p.)

H. 2 (R.): Teja puntos del derecho.

H. 3: 3 r., aum. 1, aum. 1 a 3, aum. 1, 13 r., aum. 1, aum. 1 a 3, aum. 1, 3 r. (29 p.)

H. 4: 3 d., 2 r., 1 d., 2 r., 13 d., 2 r., 1 d., 2 r., 3 d.

H. 5: 6 r., trenza r. izq. 2/3, 7 r., trenza r. dcha. 2/3, 1 r., trenza r. izq. 2/3.

H. 6: [2 r., 7 d.] 3 veces, 2 r.

H. 7: Trenza r. izq. 2/1, 6 r., trenza r. izq. 2/3, 1 r., trenza r. dcha. 2/3, 6 r., trenza r. dcha. 2/1.

H. 8: [1 d., 2 r., 9 d., 2 r.] 2 veces, 1 d.

H. 9: 1 r., trenza r. izq. 2/1, 8 r., trenza izq. 2/1/2, 8 r., trenza r. dcha. 2/1, 1 r.

H. 10: 2 d., 2 r., 8 d., 2 r., 1 d., 2 r., 8 d., 2 r., 2 d.

H. 11: 2 r., trenza r. izq. 2/1, 4 r., trenza r. dcha. 2/3, 1 r., trenza r. izq. 2/3, 4 r., trenza r. dcha. 2/1, 2 r.

H. 12: 3 d., 2 r., 4 d., 2 r., 7 d., 2 r., 4 d., 2 r., 3 d.

H. 13: 3 r., trenza r. izq. 2/2, trenza r. dcha. 2/2, 7 r., trenza r. izq. 2/2, trenza r. dcha. 2/2, 3 r.

H. 14: 5 d., 4 r., 11 d., 4 r., 5 d.

H. 15: 5 r., trenza dcha. 2/2, 11 r., trenza dcha. 2/2, 5 r.

H. 16: Repita la hilera 14.

H. 17: 5 r., 2 d., trenza r. izq. 2/2, 6 r., trenza r. dcha. 2/3, 2 d., 5 r.

H. 18: 5 d., 2 r., 3 d., 2 r., 6 d., 2 r., 2 d., 2 r., 5 d.

H. 19: 5 r., 2 d., 2 r., trenza r. izq. 2/3, 1 r., trenza r. dcha. 2/2, 3 r., 2 d., 5 r.

H. 20: 5 d., 2 r., 5 d., dism. 5 a 1, 5 d., 2 r., 5 d. (25 p.)

H. 21: 5 r., trenza r. izq. 2/1, 9 r., trenza r. dcha. 2/1, 5 r.

H. 22: 6 d., 2 r., 9 d., 2 r., 6 d.

H. 23: 6 r., trenza r. izq. 2/1, 7 r., trenza r. dcha. 2/1, 8 r.

H. 24: [7 d., 2 r.] 2 veces, 7 d.

H. 25: 7 r., trenza r. izq. 2/1, 5 r., trenza r. dcha. 2/1, 7 r.

H. 26: 8 d., 2 r., 5 d., 2 r., 8 d.

H. 27: 8 r., trenza r. izq. 2/1, 3 r., trenza r. dcha. 3/1, 8 r.

H. 28: 9 d., 2 r., 3 d., 2 r., 9 d.

H. 29: 9 r., trenza r. izq. 2/1, 1 r., trenza r. dcha. 2/1, 9 r.

H. 30: 10 d., dism. 5 a 1, 10 d. (21 p.)

H. 31: Teja puntos del revés.

H. 32: Teja puntos del derecho.

LEYENDA DEL DIAGRAMA:

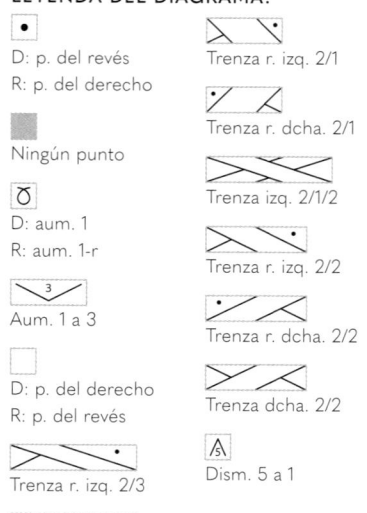

• D: p. del revés
R: p. del derecho

Ningún punto

◯ D: aum. 1
R: aum. 1-r

Aum. 1 a 3

D: p. del derecho
R: p. del revés

Trenza r. izq. 2/3

Trenza r. dcha. 2/3

Trenza r. izq. 2/1

Trenza r. dcha. 2/1

Trenza izq. 2/1/2

Trenza r. izq. 2/2

Trenza r. dcha. 2/2

Trenza dcha. 2/2

Dism. 5 a 1

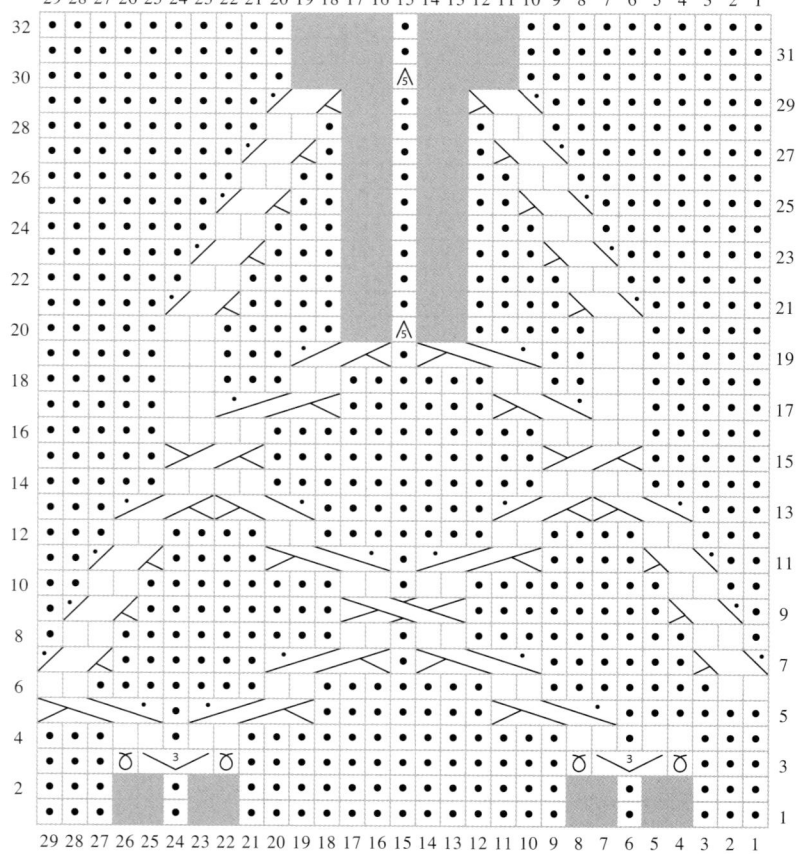

CAPÍTULO SEIS

Bordes y ribetes trenzados

Sustituya o adapte el clásico elástico por
interesantes trenzas y puntos retorcidos.
Confeccione bordes que formen parte
integral de sus diseños, que armonicen
con el cuerpo de la pieza o le den
un toque espectacular.

Puntos retorcidos estrechos (borde derecho)

Sencillo pero elegante, este ribete es una interesante alternativa al borde elástico estándar.

H. 1 (D): *2 d., trenza izq. 1/1, 2 r., trenza dcha. 1/1, 2 r., 2 d., 2 r.; repita desde * hasta el final.

H. 2 (R.): *[2 d., 2 r.] 2 veces, 2 d., 4 r.; repita desde * hasta el final.

Repita las hileras 1 y 2.

CONSEJOS SOBRE EL PATRÓN
Cambie la apariencia añadiendo más hileras de descanso (lisas) entre las trenzas. Simplemente recuerde hacer el cambio en ambos ribetes para que coincidan.

LEYENDA DEL DIAGRAMA:

☐ Repetición de 14 p.	✕ Trenza izq. 1/1	✕ Trenza dcha. 1/1
☐ D: p. del derecho R: p. del revés	• D: p. del revés R: p. del derecho	

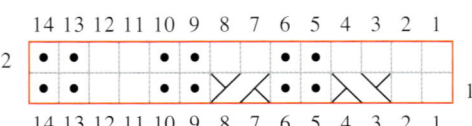

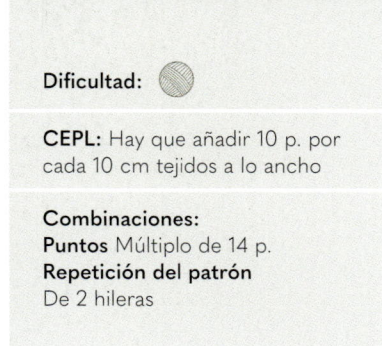
Puntos retorcidos estrechos (borde izquierdo)

Este es el ribete izquierdo del patrón de la página opuesta.

H. 1 (D): *2 r., 2 d., 2 r., trenza izq. 1/1, 2 r., trenza dcha. 1/1, 2 d.; repita desde * hasta el final.
H. 2 (R.): *4 r., [2 d., 6 r.] 2 veces, 2 d.; repita desde * hasta el final.
Repita las hileras 1 y 2.

CONSEJOS SOBRE EL PATRÓN
Integre la trenza para obtener un resultado de aspecto más suave sustituyendo dos puntos del derecho (puntos 3 y 4 del borde izquierdo, y 11 y 12 del correspondiente borde derecho) por puntos del revés en D y puntos del derecho en R.

LEYENDA DEL DIAGRAMA:

Repetición de 14 p.	D: p. del derecho R: p. del revés	Trenza dcha. 1/1
• D: p. del revés R: p. del derecho	Trenza izq. 1/1	

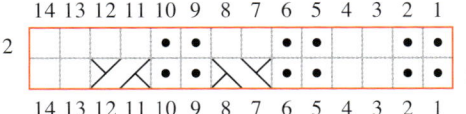

Dificultad:

CEPL: Hay que añadir 9 p. por cada 10 cm tejidos a lo ancho

Combinaciones:
Puntos Múltiplo de 24 p.
Repetición del patrón
De 16 hileras más 2 hileras base

Trenza sajona

Una bonita trenza clásica que crea un ribete impresionante sin añadir mucho peso al tejido.

H. 1 (D): *2 r., [4 d., 4 r.] 2 veces, 4 d., 2 r.; repita desde * hasta el final.

H. 2 (R.): *2 d., [4 r., 4 d.] 2 veces, 4 r., 2 d.; repita desde * hasta el final.

H. 3: *2 r., [trenza dcha. 2/2, 4 r.] 2 veces, trenza dcha. 2/2, 2 r.; repita desde * hasta el final.

H. 4: Repita la hilera 2.

H. 5: *1 r., trenza r. dcha. 2/1, [trenza r. izq. 2/2, trenza r. dcha. 2/2] 2 veces, trenza r. izq. 2/1, 1 r.; repita desde * hasta el final.

H. 6: *1 d., 2 r., 3 d., 4 r., 4 d., 4 r., 3 d., 2 r., 1 d.; repita desde * hasta el final.

H. 7: *trenza r. dcha. 2/1, 3 r., trenza izq. 2/2, 4 r., trenza izq. 2/2, 3 r., trenza r. izq. 2/1; repita desde * hasta el final.

H. 8: Repita la hilera 1.

H. 9: *2 d., 2 r., [trenza r. dcha. 2/2, trenza r. izq. 2/2] 2 veces, 2 r., 2 d.; repita desde * hasta el final.

H. 10: *2 r., 2 d., 2 r., 4 d., 4 r., 4 d., 2 r., 2 d., 2 r.; repita desde * hasta el final.

H. 11: *2 d., 2 r., 2 d., 4 r., trenza dcha. 2/2, 4 r., 2 d., 2 r., 2 d.; repita desde * hasta el final.

H. 12: Repita la hilera 10.

H. 13: *2 d., 2 r., [trenza r. izq. 2/2, trenza r. dcha. 2/2] 2 veces, 2 r., 2 d.; repita desde * hasta el final.

H. 14: Repita la hilera 1.

H. 15: *trenza r. izq. 2/1, 3 r., trenza izq. 2/2, 4 r., trenza izq. 2/2, 3 r., trenza r. dcha. 2/1; repita desde * hasta el final.

H. 16: Repita la hilera 6.

H. 17: *1 r., trenza r. izq. 2/1, [trenza r. dcha. 2/2, trenza r. izq. 2/2] 2 veces, trenza r. dcha. 2/1, 1 r.; repita desde * hasta el final.

H. 18: Repita la hilera 2.

Repita las hileras 3-18.

NOTAS SOBRE EL PATRÓN
Este patrón es el mismo para ambos bordes.

LEYENDA DEL DIAGRAMA:

▢ Hileras base (se hacen una vez)

▢ Repetición de 24 p.

⬓ Trenza r. dcha. 2/2

• D: p. del revés
R: p. del derecho

⬓ Trenza dcha. 2/2

⬓ Trenza r. izq. 2/1

▢ D: p. del derecho
R: p. del revés

⬓ Trenza r. dcha. 2/1

⬓ Trenza izq. 2/2

⬓ Trenza r. izq. 2/2

CEPL: Hay que añadir 4 p. por cada 10 cm tejidos a lo ancho

Combinaciones:
Puntos Múltiplo de 11 p. más 4 p. (con recuento de puntos variable)
Repetición del patrón
De 6 hileras

NOTAS SOBRE EL PATRÓN

Este patrón es el mismo para ambos bordes.

Elástico de trenzas con hojas

Trabajado en un fondo de puntos bobos, este punto con tanta textura es una vistosa alternativa del elástico estándar.

H. 1 (D): *11 d.; repita de * hasta que queden 4 p., 4 d.

H. 2 (R.): 4 d., *7 r., 4 d.; repita desde * hasta el final.

H. 3: *6 d., (1 d., laz., 1 d.) en 1 p., desl. 1 p., (1 d., laz., 1 d.) en 1 p., 2 d.; repita desde * hasta que queden 4 p., 4 d. (4 p. aumentados por cada repetición)

H. 4: 4 d., *2 r., [desl. 1 con hilo del.] 3 veces, 1 d., [desl. 1 con hilo del.] 3 veces, 2 r., 4 d.; repita desde * hasta el final.

H. 5: *4 d., trenza 3 d. jun. dcha. 2/3, desl. 1 p., trenza 3 d. jun. izq. 2/3; repita desde * hasta que queden 4 p., 4 d.

H. 6: Repita la hilera 2. (15 p.)

Repita las hileras 1-6.

Punto especial

Desl. 1 con hilo del.: Deslice 1 punto como si fuera a tejerlo del revés con el hilo hacia delante de la labor.

Trenza 3 d. jun. dcha. 2/3: Pase los 2 puntos siguientes a la aguja aux. y sujétela por detrás de la labor, teja del derecho los 3 puntos siguientes juntos a través de la parte de detrás de la lazada (menguando 2 puntos) y haga 2 d. en la aguja aux.

Trenza 3 d. jun. izq. 2/3: Pase los 2 puntos siguientes a la aguja aux. y sujétela por delante de la labor, teja del derecho los 3 puntos siguientes juntos a través de la parte de detrás de la lazada (menguando 2 puntos) y haga 2 d. en la aguja aux.

LEYENDA DEL DIAGRAMA:

Repetición de 11 p.	D: (1 d., laz., 1 d.) en 1 punto
D: p. del derecho / R: p. del revés	V / D: desl. / R: desl. 1 con hilo del.
Ningún punto	Trenza 3 d. jun. dcha. 2/3
• D: p. del revés / R: p. del derecho	Trenza 3 d. jun. izq. 2/3

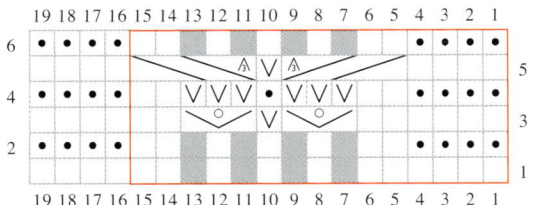

Dificultad:

CEPL: Hay que añadir 3 p. por cada 10 cm tejidos a lo ancho

Combinaciones:
Puntos Múltiplo de 11 p. con recuento de puntos variable
Repetición del patrón
De 24 hileras más 4 hileras base

NOTAS SOBRE EL PATRÓN

Para crear el borde izquierdo, al tejer la hilera 27 simplemente reemplace la trenza r. izq. 2/1/2 por una trenza r. dcha. 2/1/2.

Círculos y cruces

Este interesante ribete queda especialmente bien tejido con hilo grueso.

H. 1 (D): *3 r., 2 d., 1 r., 2 d., 3 r.; repita desde * hasta el final. (11 p.)

H. 2 (R.): *3 d., 2 r., 1 d., 2 r., 3 d.; repita desde * hasta el final.

H. 3: Repita la hilera 1.

H. 4: Repita la hilera 2.

H. 5: *2 r., trenza r. dcha. 2/1, 1 r., trenza r. izq. 2/1, 2 r.; repita desde * hasta el final.

H. 6: *2 d., 2 r., 3 d., 2 r., 2 d.; repita desde * hasta el final.

H. 7: *1 r., trenza r. dcha. 2/1, 3 r., trenza r. izq. 2/1, 1 r.; repita desde * hasta el final.

H. 8: *1 d., 2 r., 5 d., 2 r., 1 d.; repita desde * hasta el final.

H. 9: *Trenza r. dcha. 2/1, 2 r., aum. 1, aum. 1 a 3, aum. 1, 2 r., trenza r. izq. 2/1; repita desde * hasta el final. (4 p. aumentados por cada repetición)

H. 10: *2 r., 3 d., 1 r. det., 1 r., 1 d., 1 r. det., 3 d., 2 r.; repita desde * hasta el final.

H. 11: *Trenza r. izq. 2/1, trenza r. dcha. 2/2, 1 r., trenza r. izq. 2/2, trenza r. dcha. 2/1; repita desde * hasta el final.

H. 12: *1 d., 4 r., 5 d., 4 r., 1 d.; repita desde * hasta el final.

H. 13: *1 r., trenza r. dcha. 2/2, 5 r., trenza r. izq. 2/1, 1 r.; repita desde * hasta el final.

H. 14: *1 d., 2 r., 9 d., 2 r., 1 d.; repita desde * hasta el final.

H. 15: *1 r., 2 d., 9 r., 2 d., 1 r.; repita desde * hasta el final.

H. 16: Repita la hilera 14.

H. 17: *1 r., trenza izq. 2/2, 5 r., trenza dcha. 2/2, 1 r.; repita desde * hasta el final.

H. 18: Repita la hilera 12.

H. 19: *Trenza r. dcha. 2/1, trenza r. izq. 2/2, 1 r., trenza r. dcha. 2/2, trenza r. izq. 2/1; repita desde * hasta el final.

H. 20: *2 r., 3 d., 2 r., dism. 5 a 1, 2 r., 3 d., 2 r.; repita desde * hasta el final. (11 p. por cada repetición)

H. 21: *Trenza r. izq. 2/1, 2 r., 1 r. det., 2 r., trenza r. dcha. 2/1; repita de * hasta el final.

H. 22: Repita la hilera 8.

H. 23: *1 r., trenza r. izq. 2/1, 3 r., trenza r. dcha. 2/1, 1 r.; repita desde * hasta el final.

H. 24: Repita la hilera 6.

H. 25: *2 r., trenza r. izq. 2/1, 1 r., trenza r. dcha. 2/1, 2 r.; repita desde * hasta el final.

H. 26: Repita la hilera 2.

H. 27: *3 r., trenza r. izq. 2/1/2, 3 r.; repita desde * hasta el final.

H. 28: Repita la hilera 2.

Repita las hileras 5-28.

LEYENDA DEL DIAGRAMA:

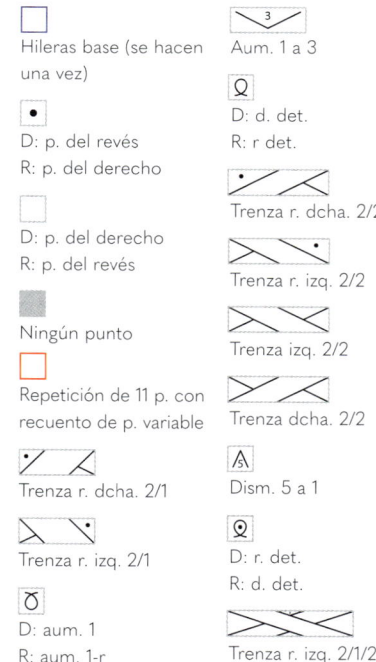

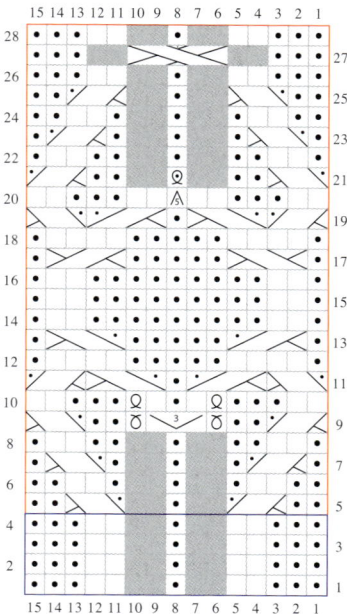

Elástico retorcido asimétrico

Una trenza sencilla pero eficaz que resulta muy práctica para añadir un toque extra de interés a un diseño. Puede adaptarse fácilmente para hacer tanto bordes horizontales como verticales.

H. 1 (D): *1 r., 1 d., 1 r., 2 d.; repita desde * hasta que queden 3 p.; 1 r., 1 d., 1 r.

H. 2 y todas las hileras R: 1 d., 1 r., 1 d., *2 r., 1 d., 1 r., 1 d.; repita desde * hasta el final.

H. 3: *1 r., 1 d., 1 r., trenza izq. 1/1; repita desde * hasta que queden 3 p., 1 r., 1 d., 1 r.

H. 5: Repita la hilera 1.

H. 7: Repita la hilera 3.

H. 8: 1 d., 1 r., 1 d., *2 r., 1 d., 1 r., 1 d.; repita desde * hasta el final.

Repita las hileras 1-8.

NOTAS SOBRE EL PATRÓN
Para hacer el borde derecho, la trenza izq. 1/1 de las hileras 3 y 7 debe reemplazarse por una trenza dcha. 1/1.

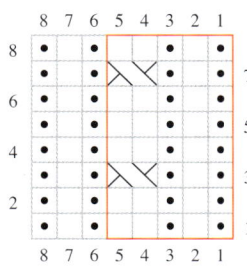

LEYENDA DEL DIAGRAMA:

Repetición de 5 p.

•
D: p. del revés
R: p. del derecho

D: p. del derecho
R: p. del revés

Trenza izq. 1/1

Dificultad:

CEPL: Hay que añadir 0 p. por cada 10 cm tejidos a lo ancho

Combinaciones:
Puntos Múltiplo de 11 p. con recuento de puntos variable
Repetición del patrón
De 36 hileras más 2 hileras base

Reloj de arena con punto arroz (borde derecho)

Este ribete sirve para bordes horizontales y verticales. Añada puntos alrededor de la repetición para variar el resultado final.

H. 1 (D): Teja puntos del revés. (11 p.)

H. 2 (R.): Teja puntos del derecho.

H. 3: *5 r., aum. 1, aum. 1 a 3, aum. 1, 5 r.; repita desde * hasta el final. (15 p. aumentados por cada repetición)

H. 4: *5 d., 2 r., (1 r., laz., 1 r.) en 1 p., 2 r., 5 d.; repita desde * hasta el final. (17 p. aumentados por cada repetición)

H. 5: *3 r., trenza r. dcha. 3/2, 1 d., trenza r. izq. 3/2, 3 r.; repita de * hasta el final.

H. 6: *3 r., 3 r., [1 d., 1 r.] 2 veces, 1 d., 3 r., 3 d.; repita de * hasta el final.

H. 7: *2 r., trenza r. dcha. 3/1, [1 d., 1 r.] 2 veces, 1 d., trenza r. izq. 3/1, 2 r.; repita de * hasta el final.

H. 8: *2 d., 4 r., [1 d., 1 r.] 2 veces, 1 d., 4 r., 2 d.; repita de * hasta el final.

H. 9: *1 r., trenza dcha. 3/1, [1 r., 1 d.] 3 veces, 1 r., trenza izq. 3/1, 1 r.; repita de * hasta el final.

H. 10: *1 d., 3 r., [1 d., 1 r.] 4 veces, 1 d., 3 r., 1 d.; repita de * hasta el final.

H. 11: *1 r., 4 d., [1 r., 1 d.] 3 veces, 1 r., 4 d., 1 r.; repita de * hasta el final.

H. 12: Repita la hilera 10.

H. 13: *1 r., trenza r. izq. 3/1, [1 r., 1 d.] 3 veces, 1 r., trenza r. dcha. 3/1, 1 r.; repita de * hasta el final.

H. 14: Repita la hilera 8.

H. 15: *2 r., trenza r. izq. 3/1, [1 d., 1 r.] 2 veces, 1 d., trenza r. dcha. 3/1, 2 r.; repita de * hasta el final.

H. 16: Repita la hilera 6.

H. 17: *3 r., trenza r. izq. 3/1, 1 r., 1 d., 1 r., trenza r. dcha. 3/1, 3 r.; repita de * hasta el final.

H. 18: *4 d., 4 r., 1 d., 4 r., 4 d.; repita de * hasta el final.

H. 19: *4 r., trenza r. izq. 3/1, 1 d., trenza r. dcha. 3/1, 4 r.; repita desde * hasta el final.

H. 20: *5 d., 3 r., 1 d., 3 r., 5 d.; repita de * hasta el final.

H. 21: *5 r., trenza r. izq. 3/1/3, 5 r.; repita desde * hasta el final.

H. 22: Repita la hilera 20.

H. 23: *4 r., trenza r. dcha. 3/1, 1 d., trenza r. izq. 3/1, 4 r.; repita desde * hasta el final.

H. 24: Repita la hilera 18.

H. 25: *3 r., trenza dcha. 3/1, 1 r., 1 d., 1 r., trenza izq. 3/1, 3 r.; repita desde * hasta el final.

H. 26: Repita la hilera 6.

H. 27: Repita la hilera 7.

H. 28: Repita la hilera 8.

H. 29: Repita la hilera 9.

H. 30: Repita la hilera 10.

H. 31: Repita la hilera 11.

H. 32: Repita la hilera 10.

H. 33: Repita la hilera 13.

H. 34: Repita la hilera 8.

H. 35: Repita la hilera 15.

H. 36: Repita la hilera 6.

H. 37: *3 r., trenza r. izq. 3/2, 1 d., trenza r. dcha. 3/2, 3 r.; repita desde * hasta el final.

H. 38: *5 d., dism. 7 a 1, 5 d.; repita de * hasta el final. (11 p. por cada repetición)

Repita las hileras 3-38.

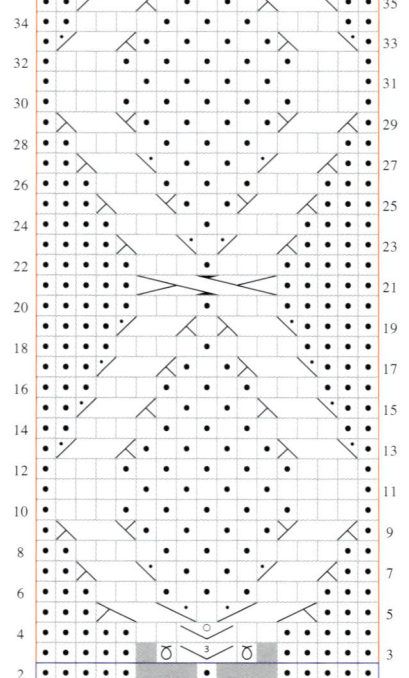

LEYENDA DEL DIAGRAMA:

Hileras base (se hacen una vez)

• D: p. del revés
R: p. del derecho

Ningún punto

Repetición de 11 p. con recuento de puntos variable

D: aum. 1
R: aum. 1-r

Aum. 1 a 3

D: p. del derecho
R: p. del revés

R: (1 r., laz., 1 r.) en 1 punto

Trenza r. dcha. 3/2

Trenza r. izq. 3/2

Trenza r. dcha. 3/1

Trenza r. izq. 3/1

Trenza dcha. 3/1

Trenza izq. 3/1

Trenza r. izq. 3/1/3

Dism. 7 a 1

Dificultad:

CEPL: Hay que añadir 0 p. por cada 10 cm tejidos a lo ancho

Combinaciones:
Puntos Múltiplo de 11 p. con recuento de puntos variable
Repetición del patrón
De 36 hileras más 2 hileras base

Reloj de arena con punto arroz (borde izquierdo)

Este es el borde izquierdo del patrón de la página opuesta.

H. 1 (D): Teja puntos del revés. (11 p.)

H. 2 (R.): Teja puntos del derecho.

H. 3: *5 r., aum. 1, aum. 1 a 3, aum. 1, 5 r.; repita desde * hasta el final. (15 p. por cada repetición)

H. 4: *5 d., 2 r., (1 r., laz., 1 r.) en 1 p., 2 r., 5 d.; repita desde * hasta el final. (17 p. por cada repetición)

H. 5: *3 r., trenza r. dcha. 3/2, 1 d., trenza r. izq. 3/2, 3 r.; repita de * hasta el final.

H. 6: *3 d., 3 r., [1 d., 1 r.] 2 veces, 1 d., 3 r., 3 d.; repita desde * hasta el final.

H. 7: *2 r., trenza r. dcha. 3/1, [1 d., 1 r.] 2 veces, 1 d., trenza r. izq. 3/1, 2 r.; repita desde * hasta el final.

H. 8: *2 d., 4 r., [1 d., 1 r.] 2 veces, 1 d., 4 r., 2 d.; repita desde * hasta el final.

H. 9: *1 r., trenza dcha. 3/1, [1 r., 1 d.] 3 veces, 1 r., trenza izq. 3/1, 1 r.; repita desde * hasta el final.

H. 10: *1 d., 3 r., [1 d., 1 r.] 4 veces, 1 d., 3 r., 1 d.; repita desde * hasta el final.

H. 11: *1 r., 4 d., [1 r., 1 d.] 3 veces, 1 r., 4 d., 1 r.; repita desde * hasta el final.

H. 12: Repita la hilera 10.

H. 13: *1 r., trenza r. izq. 3/1, [1 r., 1 d.] 3 veces, 1 r., trenza r. dcha. 3/1, 1 r.; repita desde * hasta el final.

H. 14: Repita la hilera 8.

H. 15: *2 r., trenza r. izq. 3/1, [1 d., 1 r.] 2 veces, 1 d., trenza r. dcha. 3/1, 2 r.; repita desde * hasta el final.

H. 16: Repita la hilera 6.

H. 17: *3 r., trenza r. izq. 3/1, 1 r., 1 d., 1 r., trenza r. dcha. 3/1, 3 r.; repita desde * hasta el final.

H. 18: *4 d., 4 r., 1 d., 4 r., 4 d.; repita de * hasta el final.

H. 19: *4 r., trenza r. izq. 3/1, 1 d., trenza r. dcha. 3/1, 4 r.; repita de * hasta el final.

H. 20: *5 d., 3 r., 1 d., 3 r., 5 d.; repita desde * hasta el final.

H. 21: *5 r., trenza r. dcha. 3/1/3, 5 r.; repita desde * hasta el final.

H. 22: Repita la hilera 20.

H. 23: *4 r., trenza r. dcha. 3/1, 1 d., trenza r. izq. 3/1, 4 r.; repita de * hasta el final.

H. 24: Repita la hilera 18.

H. 25: *3 r., trenza dcha. 3/1, 1 r., 1 d., 1 r., trenza izq. 3/1, 3 r.; repita de * hasta el final.

H. 26: Repita la hilera 6.

H. 27: Repita la hilera 7.

H. 28: Repita la hilera 8.

H. 29: Repita la hilera 9.

H. 30: Repita la hilera 10.

H. 31: Repita la hilera 11.

H. 32: Repita la hilera 10.

H. 33: Repita la hilera 13.

H. 34: Repita la hilera 8.

H. 35: Repita la hilera 15.

H. 36: Repita la hilera 6.

H. 37: *3 r., trenza r. izq. 3/2, 1 d., trenza r. dcha. 3/2, 3 r.; repita de * hasta el final.

H. 38: *5 d., dism. 7 a 1, 5 d.; repita desde * hasta el final. (11 p. por cada repetición)

Repita las hileras 3-38.

LEYENDA DEL DIAGRAMA:

 Hileras base (se hacen una vez)

• D: p. del revés
R: p. del derecho

Ningún punto

Repetición de 11 p. con recuento de puntos variable

⌀ D: aum. 1
R: aum. 1-r

Aum. 1 a 3

D: p. del derecho
R: p. del revés

R: (1 r., laz., 1 r.) en 1 punto

Trenza r. dcha. 3/2

Trenza r. izq. 3/2

Trenza r. dcha. 3/1

Trenza r. izq. 3/1

Trenza dcha. 3/1

Trenza izq. 3/1

Trenza r. dcha. 3/1/3

Dism. 7 a 1

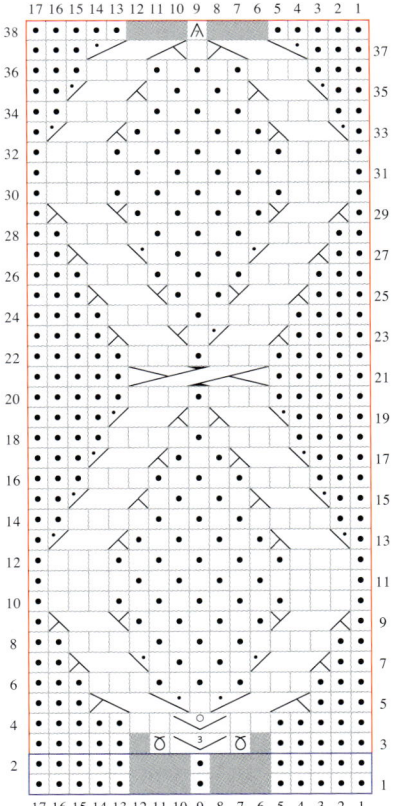

Dificultad:

CEPL: Hay que añadir 12 p. por cada 10 cm tejidos a lo ancho

Combinaciones:
Puntos Múltiplo de 12 p.
Repetición del patrón
De 10 hileras más 2 hileras base

Puntos retorcidos a la izquierda con caída curvada (borde derecho)

Esta combinación de dos trenzas crea un ribete estable que no resulta demasiado rígido ni demasiado inflexible.

H. 1 (D): *1 r., 2 d., 4 r., 4 d., 1 r.; repita desde * hasta el final.

H. 2 (R.): *1 d., 4 r., 4 d., 2 r., 1 d.; repita desde * hasta el final.

H. 3: *1 r., 2 d., 4 r., trenza izq. 2/2, 1 r.; repita desde * hasta el final.

H. 4: Repita la hilera 2.

H. 5: *1 r., trenza r. izq. 2/2, 2 r., 4 d., 1 r.; repita desde * hasta el final.

H. 6: *1 d., 4 r., 2 d., 2 r., 3 d.; repita desde * hasta el final.

H. 7: *3 r., 2 trenzas izq. 2/2, 1 r.; repita desde * hasta el final.

H. 8: *1 d., 8 r., 3 d.; repita desde * hasta el final.

H. 9: *1 r., trenza r. dcha. 2/2, trenza r. izq. 2/2, 2 d., 1 r.; repita desde * hasta el final.

H. 10: Repita la hilera 2.

H. 11: Repita la hilera 3.

H. 12: Repita la hilera 2.

Repita las hileras 3-12.

LEYENDA DEL DIAGRAMA:

Hileras base (se hacen una vez)

Repetición de 12 p.

•
D: p. del revés
R: p. del derecho

Trenza izq. 2/2

Trenza r. izq. 2/2

D: punto del derecho
R: punto del revés

Trenza r. dcha. 2/2

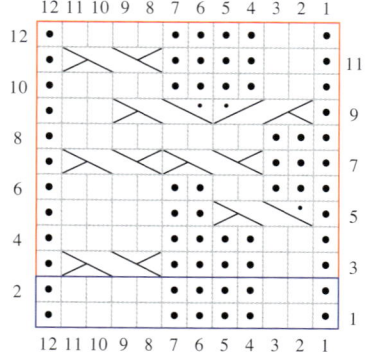

CEPL: Hay que añadir 12 p. por cada 10 cm tejidos a lo ancho

Combinaciones:
Puntos Múltiplo de 12 p.
Repetición del patrón
De 10 hileras más 2 hileras base

Puntos retorcidos a la derecha con caída curvada (borde izquierdo)

Este es el borde izquierdo del patrón de la página opuesta.

H. 1 (D): *1 r., 4 d., 4 r., 2 d., 1 r.; repita desde * hasta el final. (12 p.)

H. 2 (R.): *1 d., 2 r., 4 d., 4 r., 1 d.; repita desde * hasta el final.

H. 3: *1 r., trenza dcha. 2/2, 4 r., 2 d., 1 r.; repita desde * hasta el final.

H. 4: Repita la hilera 2.

H. 5: *1 r., 4 d., 2 r., trenza r. dcha. 2/2, 1 r.; repita desde * hasta el final.

H. 6: *3 d., 2 r., 2 d., 4 r., 1 d.; repita desde * hasta el final.

H. 7: *1 r., 2 trenzas dcha. 2/2, 3 r.; repita desde * hasta el final.

H. 8: *3 d., 8 r., 1 d.; repita desde * hasta el final.

H. 9: *1 r., 2 d., trenza r. dcha. 2/2, trenza r. izq. 2/2, 1 r.; repita desde * hasta el final.

H. 10: Repita la hilera 2.

H. 11: Repita la hilera 3.

H. 12: Repita la hilera 2.

Repita las hileras 3-12.

LEYENDA DEL DIAGRAMA:

Hileras base (se hacen una vez)

Repetición de 12 p.

•
D: p. del revés
R: p. del derecho

Trenza dcha. 2/2

Trenza r. dcha. 2/2

D: punto del derecho
R: punto del revés

Trenza r. izq. 2/2

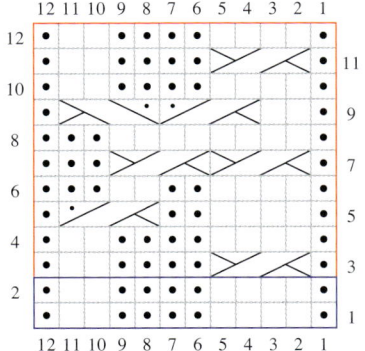

Dificultad:

CEPL: Hay que restar 2 p. por cada 10 cm tejidos a lo ancho

Combinaciones:
Puntos Múltiplo de 8 p. más 3 p.
Repetición del patrón
De 8 hileras

Elástico de trenzas (borde derecho)

Esta delicada trenza queda preciosa en cualquier prenda de ropa y es lo suficientemente ligera como para tejerse con los hilos más finos.

H. 1 (D): *1 r., 1 d., 1 r., 5 d.; repita desde * hasta que queden 3 p.; 1 r., 1 d., 1 r.

H. 2 y todas las hileras R: 1 d., 1 r., 1 d., *5 r., 1 d., 1 r., 1 d.; repita desde * hasta el final.

H. 3: *[1 r., 1 d.] 2 veces, trenza dcha. 1/2, 1 d.; repita desde * hasta que queden 3 p., 1 r., 1 d., 1 r.

H. 5: Repita la hilera 1.

H. 7: *[1 r., 1 d.] 2 veces, trenza izq. 1/2, 1 d.; repita desde * hasta que queden 3 p., 1 r., 1 d., 1 r.

H. 8: 1 d., 1 r., 1 d., *5 r., 1 d., 1 r., 1 d.; repita desde * hasta el final.

Repita las hileras 1-8.

CONSEJOS SOBRE EL PATRÓN
Al emparejar trenzas para crear ribetes asegúrese de alinearlas de manera que queden simétricas. En este caso, debería tejer las trenzas en las hileras 3 y 7 de ambos bordes.

LEYENDA DEL DIAGRAMA:

Repetición de 8 p.   D: p. del derecho   Trenza izq. 1/2
                      R: p. del revés

D: p. del revés   Trenza dcha. 1/2
R: p. del derecho

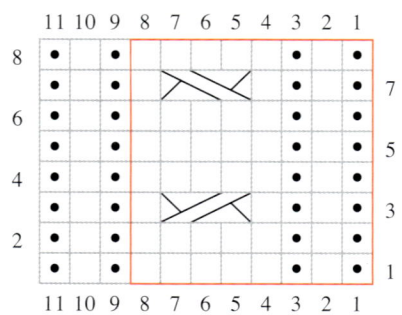

Dificultad:

CEPL: Hay que restar 2 p. por cada 10 cm tejidos a lo ancho

Combinaciones:
Puntos Múltiplo de 8 p. más 3 p.
Repetición del patrón
De 8 hileras

Elástico de trenzas (borde izquierdo)

Este es el borde izquierdo del patrón de la página opuesta.

H. 1 (D): 1 r., 1 d., 1 r.,*5 d., 1 r., 1 d., 1 r.; repita desde * hasta el final. (11 p.)

H. 2 y todas las hileras R: *1 d., 1 r., 1 d., 5 r.; repita desde * hasta que queden 3 p.; 1 d., 1 r., 1 d.

H. 3: 1 r., 1 d., 1 r., *1 d., trenza izq. 1/2, [1 d., 1 r.] 2 veces; repita desde * hasta el final.

H. 5: Repita la hilera 1.

H. 7: 1 r., 1 d., 1 r., *1 d., trenza dcha. 1/2, [1 d., 1 r.] 2 veces; repita desde * hasta el final.

H. 8: *1 d., 1 r., 1 d., 5 d.; repita desde * hasta que queden 3 p.; 1 d., 1 r., 1 d.

Repita las hileras 1-8.

LEYENDA DEL DIAGRAMA:

D: p. del revés
R: p. del derecho

D: p. del derecho
R: p. del revés

Repetición de 8 p.   Trenza dcha. 1/2

Trenza izq. 1/2

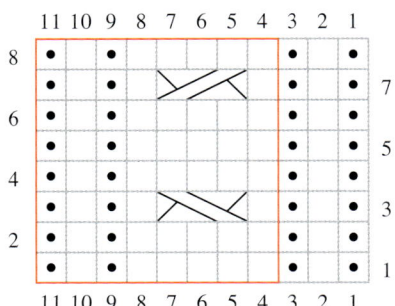

CEPL: Hay que añadir 2 p. por cada 10 cm tejidos a lo ancho

Combinaciones:
Puntos Múltiplo de 12 p.
Repetición del patrón
De 20 hileras más 2 hileras base

Trenza doble con óvalos (borde derecho)

Dos trenzas con óvalos alargados intercalados forman un borde interesante sin añadir demasiado peso al tejido.

H. 1 (D): *1 r., 2 d., 4 r., 4 d., 1 r.; repita desde * hasta el final. (12 p.)

H. 2 (R): *1 d., 4 r., 3 d., 2 r., 2 d.; repita desde * hasta el final.

H. 3: *2 r., trenza izq. 1/1, 2 r., trenza r. dcha. 2/1, trenza r. izq. 2/1; repita desde * hasta el final.

H. 4: *[2 r., 2 d.] 3 veces; repita desde * hasta el final.

H. 5: *2 r., trenza izq. 1/1, [2 r., 2 d.] 2 veces; repita desde * hasta el final.

H. 6 y 7: Repita las hileras 4 y 5.

H. 8: Repita la hilera 4.

H. 9: *2 r., trenza izq. 1/1, 2 r., trenza r. izq. 2/1, trenza r. dcha. 2/1; repita desde * hasta el final.

H. 10: Repita la hilera 2.

H. 11: *1 r., trenza dcha. 1/1, trenza izq. 1/1, 2 r., trenza r. izq. 1/1, trenza r. dcha. 1/1, 1 r.; repita desde * hasta el final.

H. 12: *2 d., 2 r., 3 d., 4 r., 1 d.; repita desde * hasta el final.

H. 13: *Trenza r. dcha. 2/1, trenza r. izq. 2/1, 2 r., trenza izq. 1/1, 2 r.; repita desde * hasta el final.

H. 14: *[2 d., 2 r.] 3 veces; repita desde * hasta el final.

H. 15: *[2 d., 2 r.] 2 veces, trenza izq. 1/ 1, 2 r.; repita desde * hasta el final.

H. 16 y 17: Repita las hileras 14 y 15.

H. 18: Repita la hilera 14.

H. 19: *Trenza r. izq. 2/1, trenza r. dcha. 2/1, 2 r., trenza izq. 1/1, 2 r.; repita desde * hasta el final.

H. 20: Repita la hilera 12.

H. 21: *1 r., trenza r. izq. 1/1, trenza r. dcha. 1/1, 2 r., trenza dcha. 1/1, trenza izq. 1/1, 1 r.; repita desde * hasta el final.

H. 22: Repita la hilera 2.

Repita las hileras 3-22.

LEYENDA DEL DIAGRAMA:

☐ Hileras base (se hacen una vez)

• D: p. del revés
R: p. del derecho

☐ D: p. del derecho
R: p. del revés

☐ Repetición de 12 p.

⤬ Trenza izq. 1/1

⤡ Trenza r. dcha. 2/1

⤬ Trenza r. izq. 2/1

⤢ Trenza dcha. 1/1

⤬ Trenza r. izq. 1/1

⤡ Trenza r. dcha. 1/1

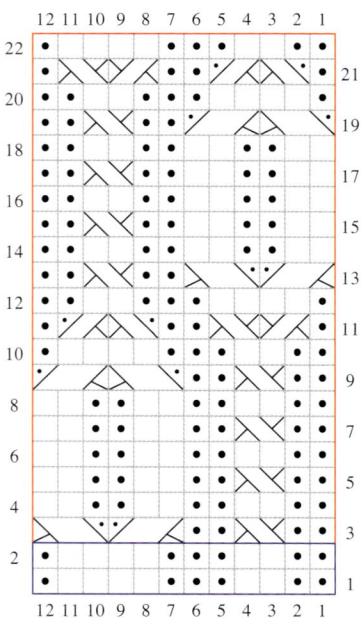

Dificultad:

CEPL: Hay que añadir 2 p. por cada 10 cm tejidos a lo ancho

Combinaciones:
Puntos Múltiplo de 12 p.
Repetición del patrón
De 20 hileras más 2 hileras base

Trenza doble con óvalos (borde izquierdo)

Este es el borde izquierdo del patrón de la página opuesta.

H. 1 (D): *1 r., 4 d., 3 r., 2 d., 2 r.; repita desde * hasta el final.

H. 2 (R): *2 d., 2 r., 3 d., 4 r., 1 d.; repita desde * hasta el final.

H. 3: *Trenza r. dcha. 2/1, trenza r. izq. 2/1, 2 r., trenza dcha. 1/1, 2 r.; repita desde * hasta el final.

H. 4: *[2 d., 2 r.] 3 veces; repita desde * hasta el final.

H. 5: *[2 d., 2 r.] 2 veces, trenza dcha. 1/ 1, 2 r.; repita desde * hasta el final.

H. 6 y 7: Repita las hileras 4 y 5.

H. 8: Repita la hilera 4.

H. 9: *Trenza r. izq. 2/1, trenza r. dcha. 2/1, 2 r., trenza dcha. 1/1, 2 r.; repita desde * hasta el final.

H. 10: Repita la hilera 2.

H. 11: *1 r., trenza r. izq. 1/1, trenza r. dcha. 1/1, 2 r., trenza dcha. 1/1, trenza izq. 1/1, 1 r.; repita desde * hasta el final.

H. 12: *1 d., 4 r., 3 d., 2 r., 2 d.; repita desde * hasta el final.

H. 13: *2 r., trenza dcha. 1/1, 2 r., trenza r. dcha. 2/1, trenza r. izq. 2/1; repita desde * hasta el final.

H. 14: *[2 r., 2 d.] 3 veces; repita desde * hasta el final.

H. 15: *2 r., trenza dcha. 1/1, [2 r., 2 d.] 2 veces; repita desde * hasta el final.

H. 16 y 17: Repita las hileras 14 y 15.

H. 18: Repita la hilera 14.

H. 19: *2 r., trenza dcha. 1/1, 2 r., trenza r. izq. 2/1, trenza r. dcha. 2/1; repita desde * hasta el final.

H. 20: Repita la hilera 12.

H. 21: *1 r., trenza dcha. 1/1, trenza izq. 1/1, 2 r., trenza r. izq. 1/1, trenza r. dcha. 1/1, 1 r.; repita desde * hasta el final.

H. 22: Repita la hilera 2.

Repita las hileras 3-22.

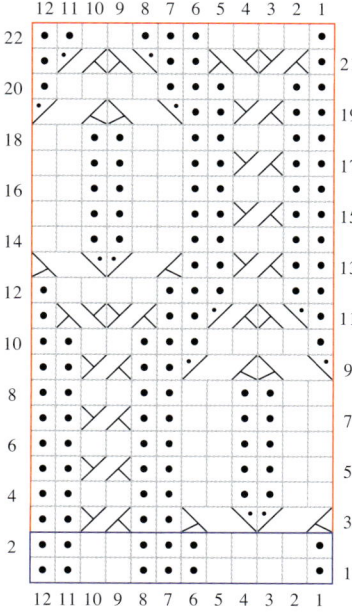

LEYENDA DEL DIAGRAMA:

☐ Hileras base (se hacen una vez)

• D: p. del revés
R: p. del derecho

☐ D: p. del derecho
R: p. del revés

☐ Repetición de 12 p.

Trenza r. dcha. 2/1

Trenza r. izq. 2/1

Trenza dcha. 1/1

Trenza izq. 1/1

Trenza r. izq. 1/1

Trenza r. dcha. 1/1

CEPL: Hay que añadir 2 p. por cada 10 cm tejidos a lo ancho

Combinaciones:
Puntos Múltiplo de 6 p. más 2 p.
Repetición del patrón
De 6 hileras más 2 hileras base

Ochos calados

Teja esta delicada trenza calada a modo de ribete horizontal, como aquí, o haga una o más repeticiones y trabájela en vertical. ¡Queda igual bonita de las dos maneras!

H. 1 (D): *2 r., 4 d.; repita desde * hasta que queden 2 p.; 2 r.

H. 2 (R): 2 d., *4 r., 2 d.; repita desde * hasta el final.

H. 3: *2 r., trenza izq. 2/2; repita desde * hasta que queden 2 p.; 2 r.

H. 4: *2 d., *[desl. 1, desl. 1, 2 r. jun.], laz., 2 r., 2 d.; repita desde * hasta el final.

H. 5: *2 r., 2 d. jun., laz., 2 d.; repita desde * hasta que queden 2 p.; 2 r.

H. 6 y 7: Repita las hileras 4 y 5.

H. 8: Repita la hilera 2.

Repita las hileras 3-8.

NOTAS SOBRE EL PATRÓN
Este patrón es el mismo para ambos bordes.

LEYENDA DEL DIAGRAMA:

Hileras base
(se hacen una vez)

Repetición de 6 p.

R: desl. 1, desl. 1, 2 d. jun.

• D: p. del revés
R: p. del derecho

Trenza izq. 2/2

D: 2 d. jun.

D: p. del derecho
R: p. del revés

O Laz.

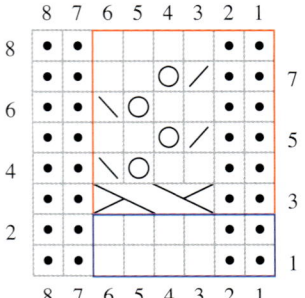

CEPL: Hay que añadir 1 p. por cada 10 cm tejidos a lo ancho

Combinaciones:
Puntos Múltiplo de 17 p. más 3 p. (con recuento de puntos variable)
Repetición del patrón
De 18 hileras

Círculo ilimitado y soga retorcida

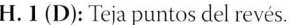

Son circulitos trenzados con puntos retorcidos en medio. Si varía el espaciado y la posición de los motivos, el ribete funciona como borde horizontal y vertical.

H. 1 (D): Teja puntos del revés.

H. 2 (R.): Teja puntos del derecho.

H. 3 y 4: Repita las hileras 1 y 2.

H. 5: 1 r., *5 r., aum. 1, aum. 1 a 3, aum. 1, 11 r.; repita desde * hasta que queden 2 p.; 2 r. (21 p. por cada repetición n más 3 p.)

H. 6: 2 d.,*11 d., 2 r., 1 d., 2 r., 5 d.; repita desde * hasta que quede 1 p.; 1 d.

H. 7: 1 r., *3 r., trenza r. dcha. 2/2, 1 r., trenza r. izq. 2/2, 9 r.; repita desde * hasta que queden 2 p.; 2 r.

H. 8: 2 d.,*9 d., 2 r., 5 d., 2 r., 3 d.; repita desde * hasta que quede 1 p.; 1 d.

H. 9: 1 r., *1 r., trenza r. dcha. 2/2, 1 r.,

trenza izq. 1/2, 1 r., trenza r. izq. 2/2, 1 r., trenza izq. 1/2, trenza dcha. 1/2; repita desde * hasta que queden 2 p.; 2 r.

H. 10: 2 d., *6 r., 1 d., 2 r., 3 d., 3 r., 3 d., 2 r., 1 d.; repita desde * hasta que quede 1 p.; 1 d.

H. 11: 1 r., *1 r., 2 d., 3 r., trenza izq. 1/2, 3 r., 2 d., 1 r., trenza izq. 1/2, trenza dcha. 1/2; repita desde * hasta que queden 2 p.; 2 r.

H. 12: Repita la hilera 10.

H. 13: 1 r., *1 r., trenza r. izq. 2/2, 1 r., trenza izq. 1/2, 1 r., trenza r. dcha. 2/2, 1 r., trenza izq. 1/2, trenza dcha. 1/2; repita desde * hasta que queden 2 p.; 2 r.

H. 14: Repita la hilera 8.

H. 15: 1 r., *3 r., trenza r. izq. 2/2, 1 r., trenza r. dcha. 2/2, 9 r.; repita desde * hasta que queden 2 p.; 2 r.

H. 16: 2 d.,*11 d., 2 r., dism. 5 a 1, 2 r., 5 d.; repita desde * hasta que quede 1 p.; 1 d.

H. 17: Teja puntos del revés. (17 p. por cada repetición del patrón más 3 p.)

H. 18: Teja puntos del derecho.

Repita las hileras 1-18.

NOTAS SOBRE EL PATRÓN
Este patrón es el mismo para ambos bordes.

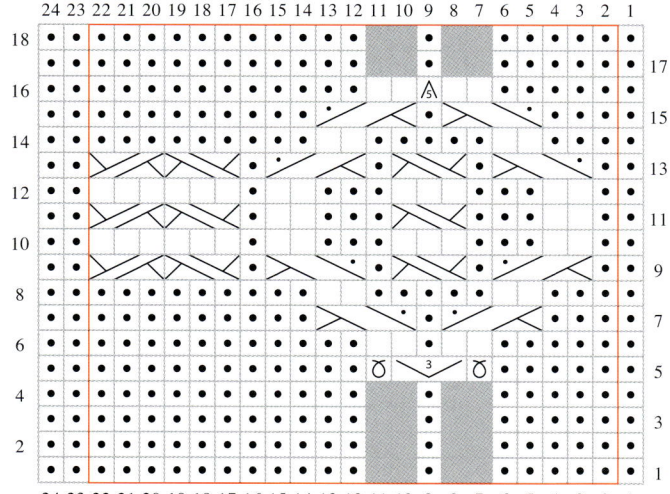

LEYENDA DEL DIAGRAMA:

Repetición de 17 p. (con recuento de puntos variable)

•
D: p. del revés
R: p. del derecho

Ningún punto

Ŏ
D: aum. 1

3
Aum. 1 a 3

D: p. del derecho
R: p. del revés

Trenza r. dcha. 2/2

Trenza r. izq. 2/2

Trenza izq. 1/2

Trenza dcha. 1/2

Ⱥ
Dism. 5 a 1

Trenza de paralelogramos con punto arroz (borde derecho)

Dificultad:

CEPL: Hay que restar 3 p. por cada 10 cm tejidos a lo ancho

Combinaciones:
Puntos Múltiplo de 17 p. más 3 p.
Repetición del patrón
De 30 hileras

Un ribete ideal para proyectos que se tejen con hilos gruesos y que requieren un borde llamativo.

H. 1 (D): *5 d., [1 r., 1 d.] 4 veces, 1 r., 3 d.; repita desde * hasta que queden 3 p.; 3 d.

H. 2 (R): 3 d., *2 r., [1 d., 1 r.] 4 veces, 1 d., 3 r., 3 d.; repita desde * hasta el final.

H. 3: *5 d., [1 r., 1 d.] 4 veces, trenza dcha. 2/2; repita de * hasta que queden 3 p.; 3 d.

H. 4: 3 d., *4 r., [1 d., 1 r.] 3 veces, 1 d., 3 r., 3 d.; repita desde * hasta el final.

H. 5: *5 d., [1 r., 1 d.] 3 veces, trenza r. dcha. 2/2, 2 d.; repita desde * hasta que queden 3 p.; 3 d.

H. 6: 3 d., *2 r., 2 d., 2 r., [1 d., 1 r.] 2 veces, 1 d., 3 r., 3 d.; repita desde * hasta el final.

H. 7: *5 d., [1 r., 1 d.] 2 veces, trenza r. dcha. 2/2, 2 r., 2 d.; repita desde * hasta que queden 3 p.; 3 d.

H. 8: 3 d., *2 r., 4 d., 2 r., 1 d., 1 r., 1 d., 3 r., 3 d.; repita desde * hasta el final.

H. 9: *5 d., 1 r., 1 d., trenza r. dcha. 2/2, 2 r., trenza dcha. 2/2; repita desde * hasta que queden 3 p.; 3 d.

H. 10: 3 d., *4 r., 4 d., 2 r., 1 d., 3 r., 3 d.; repita desde * hasta el final.

H. 11: *5 d., trenza r. dcha. 2/2, 2 r., trenza r. dcha. 2/2, 2 d.; repita desde * hasta que queden 3 p.; 3 d.

H. 12: 3 d., *2 r., 2 d., 2 r., 4 d., 4 r., 3 d.; repita desde * hasta el final.

H. 13: *3 d., [trenza r. dcha. 2/2, 2 r.] 2 veces, 2 d.; repita desde * hasta que queden 3 p.; 3 d.

H. 14: 3 d., *[2 r., 4 d.] 2 veces, 2 r., 3 d.; repita desde * hasta el final.

H. 15: *5 d., 2 r., trenza r. dcha. 2/2, 2 r., trenza dcha. 2/2; repita desde * hasta que queden 3 p.; 3 d.

H. 16: 3 d., *4 r., 4 d., 2 r., 2 d., 2 r., 3 d.; repita desde * hasta el final.

H. 17: *5 d., trenza r. dcha. 2/2, 2 r., trenza dcha. 2/2, 2 d.; repita desde * hasta que queden 3 p.; 3 d.

H. 18: 3 d., *2 r., 1 d., 3 r., 4 d., 4 r., 3 d.; repita desde * hasta el final.

H. 19: *3 d., trenza r. dcha. 2/2, 2 r., trenza dcha. 2/2, 1 r., 3 d.; repita desde * hasta que queden 3 p.; 3 d.

H. 20: 3 d., *2 r., 1 d., 1 d., 1 d., 3 r., 4 d., 2 r., 3 d.; repita desde * hasta el final.

H. 21: *5 d., 2 r., trenza dcha. 2/2, 1 d., 1 d., 1 r., 3 d.; repita de * hasta que queden 3 p.; 3 d.

H. 22: 3 d., *2 r., [1 d., 1 r.] 2 veces, 1 d., 3 r., 2 d., 2 r., 3 d.; repita desde * hasta el final.

H. 23: *5 d., trenza dcha. 2/2, [1 r., 1 d.] 2 veces, 1 r., 3 d.; repita desde * hasta que queden 3 p.; 3 d.

H. 24: 3 d., *2 r., [1 d., 1 r.] 3 veces, 1 d., 5 r., 3 d.; repita desde * hasta el final.

H. 25: *3 d., trenza dcha. 2/2, [1 r., 1 d.] 3 veces, 1 r., 3 d.; repita desde * hasta que queden 3 p.; 3 d.

H. 26: Repita la hilera 2.

H. 27: Repita la hilera 1.

H. 28 y 29: Repita las hileras 26 y 27.

H. 30: Repita la hilera 2.

Repita las hileras 1-30.

LEYENDA DEL DIAGRAMA:

 Repetición de 17 p.

☐ D: p. del derecho
R: p. del revés

• D: p. del revés
R: p. del derecho

⬚ Trenza dcha. 2/2

⬚ Trenza r. dcha. 2/2

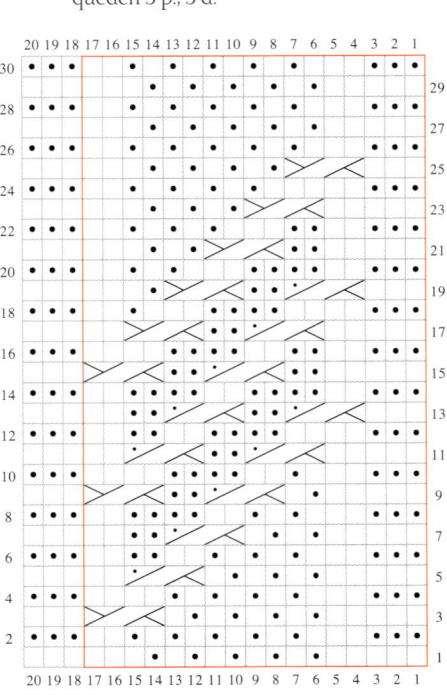

Trenza de paralelogramos con punto arroz (borde izquierdo)

Este es el borde izquierdo del patrón de la página opuesta.

H. 1 (D): 3 d., *3 d., [1 r., 1 d.] 4 veces, 1 r., 5 d.; repita desde * hasta el final.

H. 2 (R): *3 d., 3 r., [1 d., 1 r.] 4 veces, 1 d., 2 r.; repita desde * hasta que queden 3 p.; 3 d.

H. 3: 3 d., *trenza izq. 2/2, [1 d., 1 r.] 4 veces, 5 d.; repita desde * hasta el final.

H. 4: *3 d., 3 r., [1 d., 1 r.] 3 veces, 1 d., 4 r.; repita desde * hasta que queden 3 p.; 3 d.

H. 5: 3 d., *2 d., trenza r. izq. 2/2, [1 d., 1 r.] 3 veces, 5 d.; repita desde * hasta el final.

H. 6: *3 d., 3 r., [1 d., 1 r.] 2 veces, 1 d., 2 r., 2 d., 2 r.; repita desde * hasta que queden 3 p.; 3 d.

H. 7: 3 d., *2 d., 2 r., trenza r. izq. 2/2, [1 d., 1 r.] 2 veces, 5 d.; repita desde * hasta el final.

H. 8: 3 d., *3 r., 1 d., 1 r., 1 d., 2 r., 4 d., 2 r.; repita desde * hasta que queden 3 p.; 3 d.

H. 9: 3 d., *trenza izq. 2/2, 2 r., trenza r. izq. 2/2, 1 d., 1 r., 5 d.; repita desde * hasta el final.

H. 10: *3 d., 3 r., 1 d., 2 r., 4 d., 4 r.; repita desde * hasta que queden 3 p.; 3 d.

H. 11: 3 d., *2 d., trenza r. izq. 2/2, 2 r., trenza r. izq. 2/2, 5 d.; repita desde * hasta el final.

H. 12: *3 d., 4 r., 4 d., 2 r., 2 d., 2 r.; repita desde * hasta que queden 3 p.; 3 d.

H. 13: 3 d., *2 d., [2 r., trenza r. izq. 2/2] 2 veces, 3 d.; repita desde * hasta el final.

H. 14: *3 d., *[2 r., 4 d.] 2 veces, 2 r.; repita desde * hasta que queden 3 p.; 3 d.

H. 15: 3 d., *trenza izq. 2/2, 2 r., trenza r. izq. 2/2, 2 r., 5 d.; repita desde * hasta el final.

H. 16: *3 d., 2 r., 2 d., 2 r., 4 d., 4 r.; repita desde * hasta que queden 3 p.; 3 d.

H. 17: 3 d., *2 d., trenza izq. 2/2, 2 r., trenza r. izq. 2/2, 5 d.

H. 18: *3 d., 4 r., 4 d., 3 r., 1 d., 2 r.; repita desde * hasta que queden 3 p.; 3 d.

H. 19: 3 d., *3 d., 1 r., trenza r. izq. 2/2, 2 r., trenza r. izq. 2/2, 3 d.; repita desde * hasta el final.

H. 20: *3 d., 2 r., 4 d., 3 r., 1 d., 1 r., 1 d., 2 r.; repita desde * hasta que queden 3 p.; 3 d.

H. 21: 3 d., *3 d., 1 r., 1 d., 1 r., trenza izq. 2/2, 2 r., 5 d.; repita desde * hasta el final.

H. 22: *3 d., 2 r., 2 d., 3 r., [1 d., 1 r.] 2 veces, 1 d., 2 r.; repita desde * hasta que queden 3 p.; 3 d.

H. 23: 3 d., *3 d., [1 r., 1 d.] 2 veces, 1 r., trenza izq. 2/2, 5 d.; repita desde * hasta el final.

H. 24: *3 d., 5 r., [1 d., 1 r.] 3 veces, 1 d., 2 r.; repita desde * hasta que queden 3 p.; 3 d.

H. 25: 3 d., *3 d., [1 r., 1 d.] 3 veces, 1 r., trenza izq. 2/2, 3 d.; repita desde * hasta el final.

H. 26: Repita la hilera 2.

H. 27: Repita la hilera 1.

H. 28 y 29: Repita las hileras 26 y 27.

H. 30: Repita la hilera 2.

Repita las hileras 1-30.

Dificultad:

CEPL: Hay que restar 3 p. por cada 10 cm tejidos a lo ancho

Combinaciones:
Puntos Múltiplo de 17 p. más 3 p.
Repetición del patrón
De 30 hileras

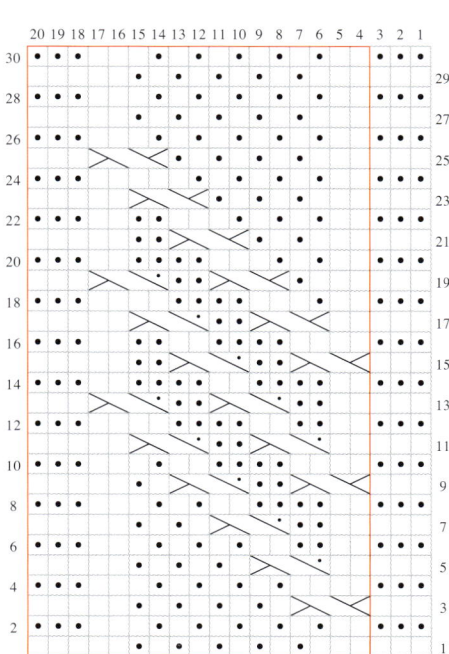

LEYENDA DEL DIAGRAMA:

D: p. del derecho
R: p. del revés

Repetición de 17 p.

D: p. del revés
R: p. del derecho

Trenza izq. 2/2

Trenza r. izq. 2/2

Dificultad:

CEPL: Hay que añadir 11 p. por cada 10 cm tejidos a lo ancho

Combinaciones:
Puntos Múltiplo de 10 p. más 2 p.
Repetición del patrón
De 36 hileras

Trenza serpenteante (borde derecho)

Una trenza ligeramente sinuosa que crea un bonito ribete que discurre con fluidez.

H. 1 (D): *2 r., 2 d., 4 r., 2 d.; repita desde * hasta que queden 2 p.; 2 r.

H. 2 (R): 2 d.,*2 r., 4 d., 2 r., 2 d.; repita desde * hasta el final.

H. 3: *2 r., trenza r. izq. 2/2, trenza r. dcha. 2/2; repita desde * hasta que queden 2 p.; 2 r.

H. 4: 2 d., *2 d., 4 r., 4 d.; repita desde * hasta el final.

H. 5: *4 r., trenza r. izq. 2/2, 2 r.; repita desde * hasta que queden 2 p.; 2 r.

H. 6: 2 d., *2 d., 2 r., 6 d.; repita desde * hasta el final.

H. 7: *6 r., trenza r. izq. 2/1, 1 r.; repita de * hasta que queden 2 p.; 2 r.

H. 8: 2 d., *1 d., 2 r., 7 d.; repita desde * hasta el final.

H. 9: *7 r., trenza r. izq. 2/1; repita desde * hasta que queden 2 p.; 2 r.

H. 10: 2 d., *2 r., 8 d.; repita desde * hasta el final.

H. 11: *7 r., trenza r. dcha. 2/1; repita desde * hasta que queden 2 p.; 2 r.

H. 12: Repita la hilera 8.

H. 13: *6 r., trenza r. dcha. 2/1, 1 r.; repita desde * hasta que queden 2 p.; 2 r.

H. 14: Repita la hilera 6.

H. 15: *4 r., trenza dcha. 2/2, 2 r.; repita de * hasta que queden 2 p.; 2 r.

H. 16: Repita la hilera 4.

H. 17: *2 r., trenza r. dcha. 2/2, trenza r. izq. 2/2; repita desde * hasta que queden 2 p.; 2 r.

H. 18: Repita la hilera 2.

H. 19: Repita la hilera 1.

H. 20: Repita la hilera 2.

H. 21: Repita la hilera 3.

H. 22: Repita la hilera 4.

H. 23: *4 r., trenza r. dcha. 2/2, 2 r.; repita desde * hasta que queden 2 p.; 2 r.

H. 24: 2 d., *4 r., 2 r., 4 d.; repita desde * hasta el final.

H. 25: *3 r., trenza r. dcha. 2/1, 4 r.; repita desde * hasta que queden 2 p.; 2 r.

H. 26: 2 d., *5 d., 2 r., 3 d.; repita desde * hasta el final.

H. 27: *2 r., trenza r. dcha. 2/1, 5 r.; repita desde * hasta que queden 2 p.; 2 r.

H. 28: 2 d., *6 d., 2 r., 2 d.; repita desde * hasta el final.

H. 29: *2 r., trenza r. izq. 2/1, 5 r.; repita desde * hasta que queden 2 p.; 2 r.

H. 30: Repita la hilera 26.

H. 31: *3 r., trenza r. izq. 2/1, 4 r.; repita desde * hasta que queden 2 p.; 2 r.

H. 32: Repita la hilera 24.

H. 33: *4 r., trenza izq. 2/2, 2 r.; repita desde * hasta que queden 2 p.; 2 r.

H. 34: Repita la hilera 4.

H. 35: Repita la hilera 17.

H. 36: Repita la hilera 2.

Repita las hileras 1-36.

LEYENDA DEL DIAGRAMA:

☐ Repetición de 10 p.

• D: p. del revés
R: p. del derecho

☐ D: p. del derecho
R: p. del revés

Trenza r. izq. 2/2

Trenza r. dcha. 2/2

Trenza r. izq. 2/1

Trenza r. dcha. 2/1

Trenza dcha. 2/2

Trenza izq. 2/2

Dificultad:

CEPL: Hay que añadir 11 p. por cada 10 cm tejidos a lo ancho

Combinaciones:
Puntos Múltiplo de 10 p. más 2 p.
Repetición del patrón
De 36 hileras

Trenza serpenteante (borde izquierdo)

Este es el borde izquierdo del patrón de la página opuesta.

H. 1 (D): 2 r.,*2 d., 4 r., 2 d., 2 r.; repita desde * hasta el final.

H. 2 (R): *2 d., 2 r., 4 d., 2 r.; repita desde * hasta que queden 2 p.; 2 d.

H. 3: 2 r., *trenza r. izq. 2/2, trenza r. dcha. 2/2, 2 r.; repita desde * hasta el final.

H. 4: *4 d., 4 r., 2 d.; repita desde * hasta que queden 2 p.; 2 d.

H. 5: 2 r., *2 r., trenza r. dcha. 2/2, 4 r.; repita desde * hasta el final.

H. 6: *6 d., 2 r., 2 d.; repita desde * hasta que queden 2 p.; 2 d.

H. 7: 2 r., *1 r., trenza r. dcha. 2/1, 6 r.; repita desde * hasta el final.

H. 8: *7 d., 2 r., 1 d.; repita desde * hasta que queden 2 p.; 2 d.

H. 9: 2 r., *trenza r. dcha. 2/1, 7 r.; repita desde * hasta el final.

H. 10: 8 d., 2 r.; repita desde * hasta que queden 2 p.; 2 d.

H. 11: 2 r., *trenza r. izq. 2/1, 7 r.; repita desde * hasta el final.

H. 12: Repita la hilera 8.

H. 13: 2 r., *1 r., trenza r. izq. 2/1, 6 r.; repita desde * hasta el final.

H. 14: Repita la hilera 6.

H. 15: 2 r., *2 r., trenza izq. 2/2, 4 r.; repita desde * hasta el final.

H. 16: Repita la hilera 4.

H. 17: 2 r., *trenza r. dcha. 2/2, trenza r. izq. 2/2, 2 r.; repita desde * hasta el final.

H. 18: Repita la hilera 2.

H. 19: Repita la hilera 1.

H. 20: Repita la hilera 2.

H. 21: Repita la hilera 3.

H. 22: Repita la hilera 4.

H. 23: 2 r., *2 r., trenza r. izq. 2/2, 4 r.; repita desde * hasta el final.

H. 24: *4 d., 2 r., 4 d.; repita desde * hasta que queden 2 p.; 2 d.

H. 25: 2 r., *4 r., trenza r. izq. 2/1, 3 r.; repita desde * hasta el final.

H. 26: *3 d., 2 r., 5 d.; repita desde * hasta que queden 2 p.; 2 d.

H. 27: 2 r., *5 r., trenza r. izq. 2/1, 2 r.; repita desde * hasta el final.

H. 28: *2 d., 2 r., 6 d.; repita desde * hasta que queden 2 p.; 2 d.

H. 29: 2 r., *5 r., trenza r. dcha. 2/1, 2 r.; repita desde * hasta el final.

H. 30: Repita la hilera 26.

H. 31: 2 r., *4 r., trenza r. dcha. 2/1, 3 r.; repita desde * hasta el final.

H. 32: Repita la hilera 24.

H. 33: 2 r., *2 r., trenza dcha. 2/2, 4 r.; repita desde * hasta el final.

H. 34: Repita la hilera 4.

H. 35: Repita la hilera 17.

H. 36: Repita la hilera 2.

Repita las hileras 1-36.

LEYENDA DEL DIAGRAMA:

•
D: p. del revés
R: p. del derecho

Repetición de 10 p.

D: p. del derecho
R: p. del revés

Trenza r. izq. 2/2

Trenza r. dcha. 2/2

Trenza r. izq. 2/1

Trenza r. dcha. 2/1

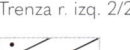
Trenza dcha. 2/2

Trenza izq. 2/2

CAPÍTULO SIETE

Trenzas: nociones básicas y diseño

¿Se estrena con las trenzas o quiere refrescar sus conocimientos? Este capítulo le enseñará las habilidades y las técnicas básicas que necesita para emprender su aventura cruzando y retorciendo hilos, además de darle consejos para reconocer y evitar errores, interpretar y entender los diagramas y asegurarse de obtener el resultado esperado. A continuación, podrá explorar maneras de utilizar las trenzas en sus diseños, aprendiendo dónde colocarlas, qué hilo elegir y por qué la tensión es tan importante. Si lo desea, podrá ir incluso más allá y diseñar sus propias trenzas inspirándose en el mundo que lo rodea.

Cómo tejer trenzas

Las trenzas suelen hacerse a punto liso (tejiendo puntos del derecho en las hileras D y puntos del revés en las hileras R). De este modo, la parte delantera lisa del punto queda visible por el derecho de la labor y crea una trenza con un contorno pulcro y bien definido.

Para crear contraste y hacer que la trenza resalte, el fondo debe tener otra textura. El punto liso del revés (se tejen puntos del revés en las hileras D y puntos del derecho en las hileras R) suele utilizarse con este propósito porque el aspecto abultado contrasta mucho con el uniforme tejido hecho a punto liso.

Evidentemente, hay muchas variantes y los diseñados puede incorporar puntos elásticos (se alternan puntos del derecho y del revés), puntos arroz (puntos del derecho y del revés intercalados), puntos bobos (puntos del derecho en cada hilera par), calados, bodoques, etc. Las trenzas pueden ser sencillas o complejas, y pueden combinarse varias o utilizarse como motivo único. Normalmente se diseñan para que sean visibles solo por el derecho de la labor, pero también se pueden hacer reversibles.

Sea como sea el tipo de trenza que teja, la mayoría se trabajan de una manera parecida. Es decir, se toman uno o más puntos para intercambiarlos y trabajarlos en otro orden. La forma más sencilla consiste en transferir los puntos a una aguja más pequeña (una aguja auxiliar) y sostenerlos por delante o por detrás de la labor. A continuación, se tejen los puntos de la aguja principal y luego los de la auxiliar. En el caso de las trenzas complejas, puede que necesite dos agujas auxiliares.

En este capítulo, se ilustran algunas de las trenzas básicas. Todas ellas, sean gruesas o estrechas, se trabajan del mismo modo. Si aparece un punto o una trenza inusuales, se describirá en la leyenda o en un glosario aparte (normalmente se encuentra al final del libro o del patrón).

Herramientas y materiales

Aquí detallamos el equipo básico que debería tener en su bolsa de tejer, así como una selección de accesorios opcionales pero muy prácticos.

HILO

Los hilos se clasifican en dos grupos principales según si están hechos de fibras naturales o sintéticas. Las naturales se dividen en dos categorías: de origen animal o vegetal. Entre las de origen animal se incluye la lana, la angora, la cachemira y la seda; entre las vegetales están el algodón, el lino y el ramio. Las muestras de puntos y los proyectos de este libro se han tejido con Cascade Yarns® 220 Superwash®, hilos hechos al 100 % de lana que resaltan los patrones de punto y mejoran la textura y la durabilidad de los proyectos.

PARES DE AGUJAS DE TEJER

De uso habitual y fáciles de encontrar en las tiendas, las agujas de una punta se venden por pares. En un extremo, tienen una punta; en el otro, un nudo, una protuberancia u otro tipos de tope que impide que los puntos se salgan. Se utilizan para tejer piezas planas. A la hora de elegir sus primeras agujas, pruebe tantos tipos como pueda, de diferentes longitudes, formas y materiales. La etiqueta del ovillo es una buena referencia a tener en cuenta, ya que indica los tamaños de aguja recomendados y, en algunos casos, también la tensión (*véase* la pág. 146).

GUARDAPUNTOS

Estos grandes alfileres sirven para sujetar grupos de puntos hasta que se necesiten; por ejemplo, los de la parte superior de la abertura de un bolsillo.

MARCADORES DE PUNTOS

Estos pequeños marcadores de plástico sirven para marcar un lugar concreto en una hilera.

BOLÍGRAFO, LÁPIZ Y PAPEL CUADRICULADO

Este material básico es ideal para llevar un seguimiento del progreso del trabajo. Permite tomar notas acerca de los patrones y añadir indicaciones prácticas sobre los diseños.

TIJERAS

Las tijeras pequeñas de punta afilada permiten cortar con precisión en el lugar correcto. Merece la pena invertir en unas de buena calidad, ya que las económicas pueden engancharse al tejido.

AGUJAS LANERAS O DE TAPICERÍA

Las agujas con punta afilada, como las de tapicería o de bordar, son útiles para rematar los cabos cortados.

ALFILERES

Los alfileres se utilizan para sujetar diferentes piezas tejidas antes de unirlas. Siempre que sea posible, elija alfileres de cabeza grande para que pueda verlos fácilmente. Resulta útil tener alfileres largos para las costuras largas, y alfileres cortos para las áreas más pequeñas. Hay alfileres especiales en forma de «T» que van especialmente bien para bloquear los tejidos. Su cabeza en forma de «T» hace que sea más fácil y seguro clavarlos en vertical (en lugar de colocarlos planos en el tejido).

Herramientas para hacer trenzas

Por suerte, además de las herramientas que suele utilizar para tejer, para hacer trenzas solo necesitará una sencilla aguja auxiliar. Se trata de una aguja corta con punta en ambos extremos que permite sujetar temporalmente una cantidad pequeña de puntos. De este modo, podrá transferir los puntos entre las agujas en cualquiera de las dos direcciones. Si no tiene una aguja auxiliar a mano, una aguja de doble punta (adp) es una buena alternativa. Hay agujas auxiliares de diferentes tipos, así que, si puede, pruebe varias para descubrir cuál le va mejor. Estos son los modelos más habituales:

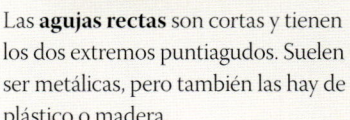
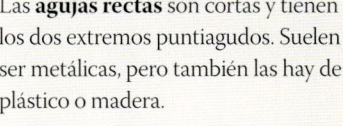

Las **agujas rectas** son cortas y tienen los dos extremos puntiagudos. Suelen ser metálicas, pero también las hay de plástico o madera.

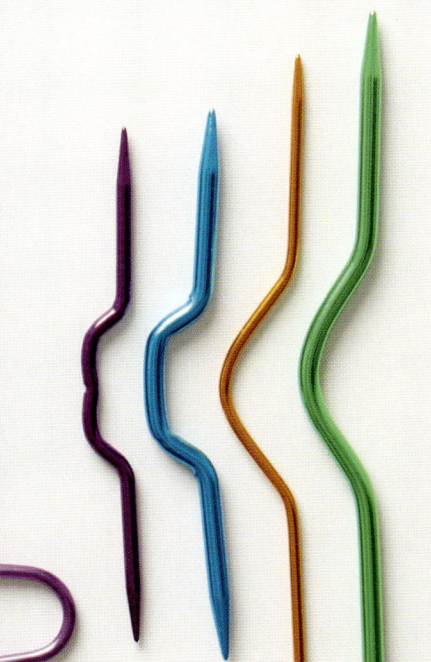

Las **agujas con forma de gancho o de «u»** son menos habituales, pero son una buena elección si tiene previsto trabajar con un hilo resbaladizo o tejer trenzas complejas, ya que el gancho evita que los puntos se escapen. Normalmente son de plástico.

NOTA

Como todas las agujas de tejer, hay agujas auxiliares de diferentes tamaños. Utilice una de un tamaño parecido a las agujas del patrón o ligeramente más pequeña.

Las **agujas con curva o ángulo** son parecidas a las rectas, pero tienen una zona cóncava en el centro que ayuda a mantener los puntos en su sitio. Las hay de metal, plástico o madera.

Cómo se representan los patrones

En la mayoría de los casos, los diseños de trenzas siguen el mismo formato que el de cualquier patrón de punto. Cuando un patrón tiene trenzas, puede que se describan en forma de diagrama o en instrucciones escritas. En algunos patrones, puede haber varios diagramas, que se utilizan en distintos momentos y en diferentes combinaciones. En este libro, cada patrón va acompañado tanto del diagrama como de las instrucciones escritas.

Inicio del patrón de una trenza: hileras base

Las trenzas crean ciertas distorsiones en el tejido. Esto suele ocurrir en los bordes de montaje y de cierre, pero también puede darse en cualquier otra zona, como en la parte superior de las mangas.

Para evitar posibles distorsiones, suelen tejerse una serie de hileras lisas o simplificadas antes de completar los puntos retorcidos o cruzados. Eso significa que puede que la repetición

del patrón no empiece en la hilera 1. En lugar de ello, primero se trabajan una serie de hileras aparte y luego se empieza la repetición del patrón. Estas hileras iniciales se conocen como hileras base y proporcionan un espacio necesario antes de que empiece el patrón principal.

En un patrón escrito, las hileras base pueden describirse por separado. En algunos patrones, las instrucciones explican cómo se hacen las hileras base y, después, una vez completadas estas hileras y la primera repetición

del patrón, piden que se siga trabajando desde, por ejemplo, la hilera 5. En el ejemplo inferior, el patrón tiene 4 hileras base y una repetición de 14 hileras. Las instrucciones indican que hay que tejer las hileras 1-18 y luego repetir las hileras 5-18. Estas 14 hileras (de la 5 a la 18) son la repetición del patrón. Las hileras 1-4 son las hileras base.

En el diagrama, las hileras base suelen identificarse con un contorno de un color diferente al de la repetición principal del patrón (abajo, en azul). En la leyenda se explicará. Como en las instrucciones escritas, las hileras 1-4 se hacen solo una vez y las hileras 5-19 se repiten.

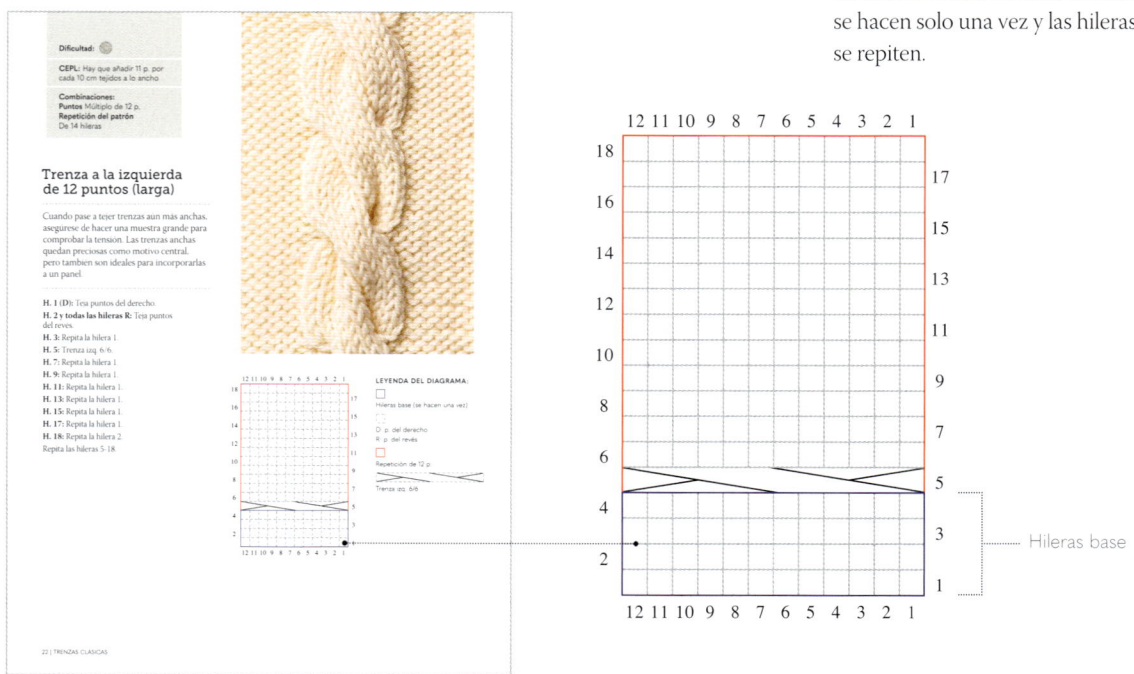

Repetición del patrón

Con el fin de crear un diseño cohesionado, un patrón normalmente está compuesto de una serie de hileras que se repiten en forma de secuencia. La cantidad de hileras dependerá de la complejidad de diseño. La secuencia se conoce como «la repetición del patrón». Tanto el diagrama como las instrucciones escritas indican cuál es la repetición del patrón.

En el diagrama, tiene un contorno de otro color. En las instrucciones escritas, se indica con corchetes o asteriscos. Las secciones entre corchetes o asteriscos se tejen una o más veces hasta llegar al final de la hilera o vuelta.

En el diagrama de abajo, la repetición del patrón está compuesta de 16 puntos y 16 hileras, lo que se indica con la línea de contorno roja.

En las instrucciones escritas, el patrón especifica que hay que repetir la sección desde el asterisco *. En algunos casos, el patrón puede pedir que se repita la secuencia hasta llegar al final de una hilera. Esto podría describirse como «repita desde * hasta el final». El patrón también puede indicar que la repetición se teja una cantidad de veces determinada. Por ejemplo, «repita desde * xx veces».

Algunos proyectos pueden tener «puntos de borde» situados fuera de la línea de contorno roja (encontrará una explicación más detallada de esto en la página siguiente). En estos patrones, verá «repita desde * hasta que queden xx p.». A continuación, encontrará otras instrucciones para tejer los últimos puntos (y, a veces, los primeros puntos) de la hilera. La repetición del patrón solo es la parte entre asteriscos.

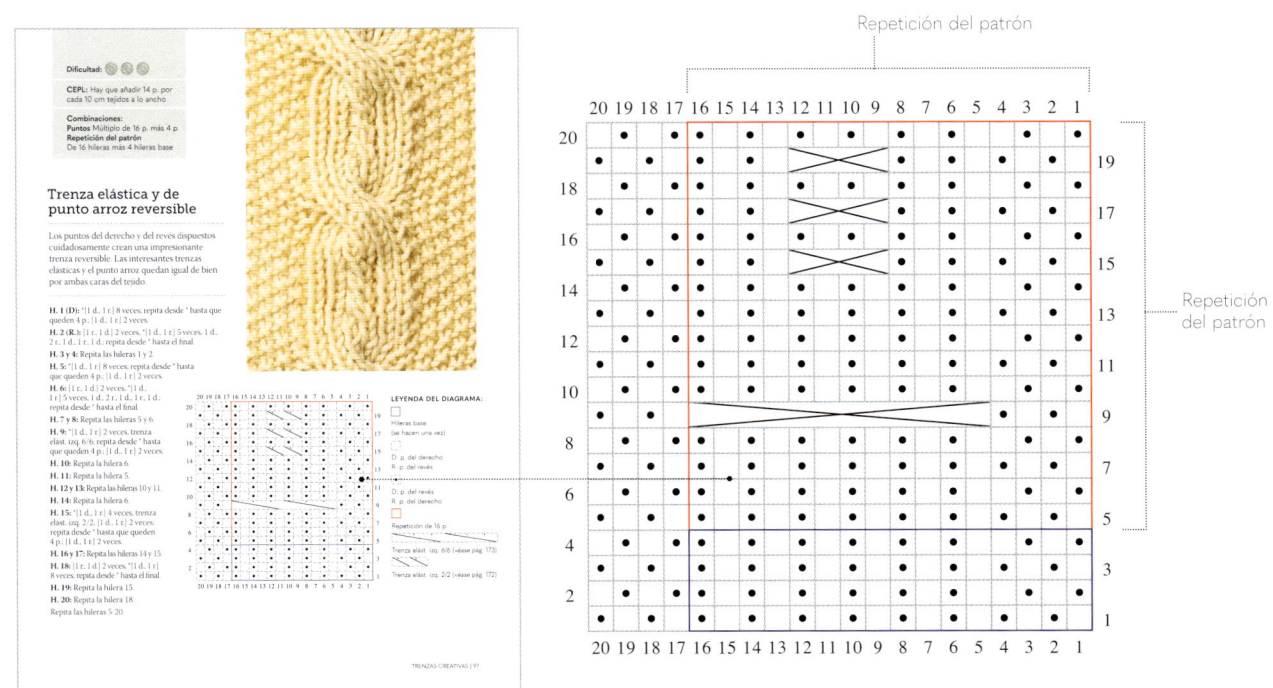

Puntos de borde

En un diagrama, los puntos de borde son los que están fuera de la línea de contorno roja. Los que quedan dentro se repiten varias veces, pero los de fuera solo se tejen una vez. Puede haber puntos de borde al inicio de la hilera, al final o en ambos extremos. No todas las hileras tienen puntos de borde, y la cantidad varía según el patrón.

Al tejer trenzas, no siempre es práctico, o posible, trabajar repeticiones completas de un patrón en cada hilera. En tal caso, el patrón puede incluir puntos de borde.

Los puntos de borde son repeticiones parciales, o incluso puntos diferentes, que se tejen solo una vez al inicio o al final de una hilera. Pueden ser necesarios a la hora de confeccionar prendas de ropa de diferentes tallas, pero también se emplean para crear formas pulcras en zonas donde, de otro modo, una trenza quedaría muy cerca de una disminución o aumento y abultaría o recargaría mucho el tejido.

Los puntos de borde también sirven para equilibrar diseños integrales complejos, donde las trenzas se cruzan y no hay ningún sitio evidente en el que pausar la repetición.

En el diagrama inferior (a la izquierda), el patrón tiene una repetición sencilla, pero hay que interrumpirla en el borde para que el diseño quede equilibrado. El número de puntos de borde es el mismo en cada hilera.

En las instrucciones escritas, los puntos de borde son los que quedan fuera de la sección precedida por el asterisco.

TRENZAS CRUZADAS

Por otro lado, las trenzas cruzadas no se prestan fácilmente a crear bordes pulcros. En el patrón de abajo, el diseñador ha añadido puntos de borde para dar un acabado equilibrado, pulcro y ordenado. Si se fija, el contorno de la repetición no forma un simple rectángulo, sino que varía en algunas hileras. De este modo, da espacio a las trenzas que se desplazan durante una repetición del patrón. Puede observar que, con estos diseños, el número de puntos de borde varía a medida que la trenza se desplaza hacia el borde del panel.

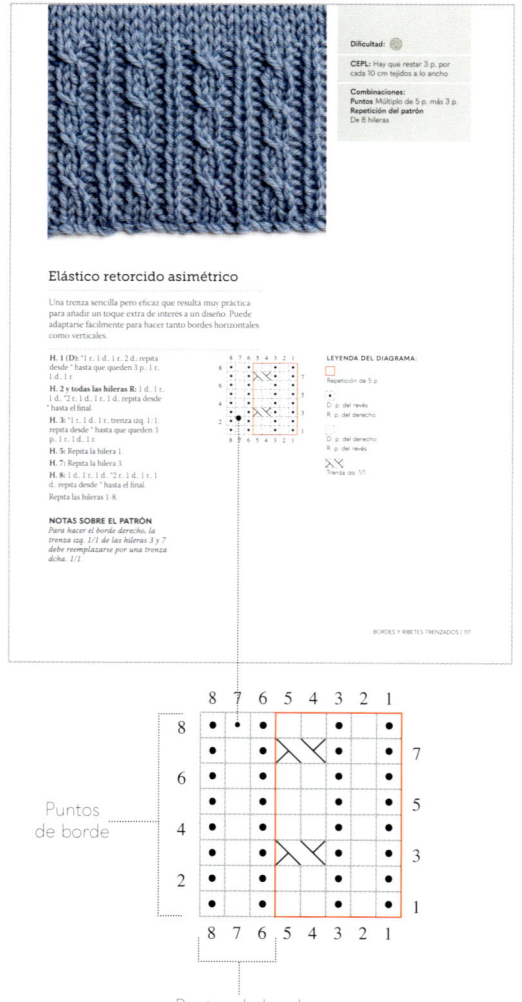

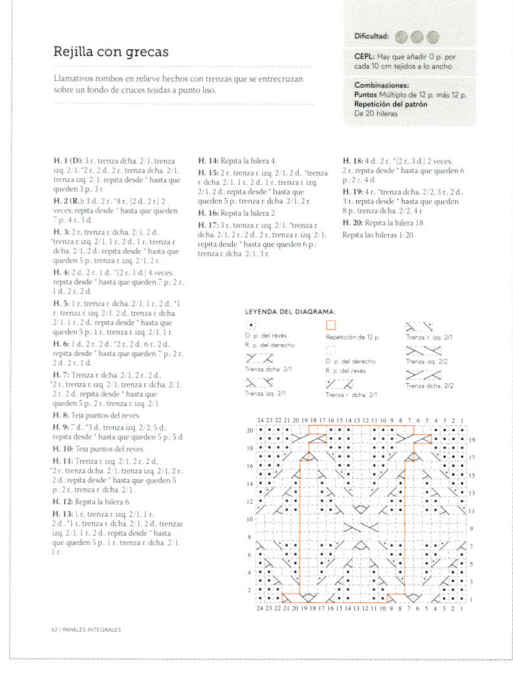

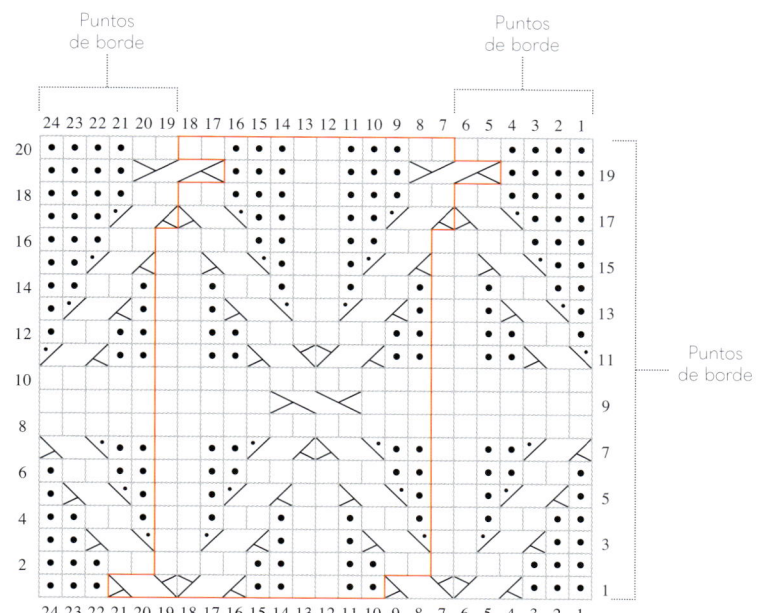

Puntos
de borde

Puntos
de borde

Puntos
de borde

En la versión escrita del diagrama, el número de puntos de borde varía del mismo modo. En forma de texto puede resultar menos evidente, pero los puntos que quedan fuera de la sección precedida por el asterisco son los que solo se trabajan una vez (abajo, puede verlos destacados en negrita). De nuevo, pueden estar al principio de la hilera, al final o en ambos extremos (¡o en ninguno!).

Hilera 1 (D): **3 r.**, trenza dcha, 2/1, trenza izq. 2/1, *2 r., 2 d., 2 r., trenza dcha. 2/1, trenza izq. 2/1; repita desde * hasta que queden 3 p.; **3 r.**

Hileras de descanso

El término «hileras de descanso» no suele utilizarse en patrones de este tipo, pero puede que oiga a algunos tejedores mencionarlo. Simplemente se refiere a las hileras sin trenzas ni puntos retorcidos. Suele tratarse de la hilera R, pero puede ser la hilera D si no tiene ninguna trenza ni otros puntos del patrón.

También puede que oiga a los tejedores hablar de «tejer los puntos como se presentan». Esto puede resultar un poco confuso si se trabajan tejidos planos, ya que implica hacer un punto del revés donde se había tejido un punto del derecho en la hilera anterior, y viceversa. Lo que se describe es la apariencia del punto. Básicamente, si ve un bultito hacia usted, debe tejer el punto del revés. Si el punto es liso y el bulto está en el otro lado, debe tejer el punto del derecho.

D: Teja puntos del derecho.

R: Teja puntos del revés.

Hilera de descanso en trenzas

D

R

Cómo interpretar y seguir diagramas

Los diagramas son una manera gráfica de presentar la información de un patrón. Se suelen utilizar para mostrar las partes más complejas de un diseño, como las trenzas. A muchos tejedores y diseñadores les resultan prácticos porque son una representación más visual del diseño y permiten distinguir la estructura del patrón a simple vista.

Símbolos

En los diagramas, los símbolos representan diferentes puntos. En las páginas 171-174 encontrará una lista completa.

Leyenda

Cada diagrama va acompañado de una leyenda. Es importante que la consulte antes de empezar a tejer, pues no existe un sistema estándar de símbolos y por eso cada diseñador y cada publicación siguen diferentes convenciones a la hora de crear los diagramas de sus patrones. Preste especial atención a posibles símbolos con un doble uso. Por ejemplo, un cuadrado en blanco representa a menudo un punto del derecho en una hilera D y un punto del revés en una hilera R, lo que producirá un tejido de punto liso.

Los puntos del revés tejidos en una hilera D pueden tener un símbolo diferente (a menudo llevan un topo negro). En R, el mismo topo sirve para indicar que un punto se trabaja del derecho. Visto desde D, esto creará un tejido de punto liso del revés.

Siempre y cuando siga la leyenda, la labor le saldrá bien, así que no se preocupe si se encuentra con lo que parecen ser dos instrucciones diferentes para un mismo tipo de punto.

Una leyenda puede ser algo parecido a esto (en las páginas 171-174 verá una lista completa de las abreviaturas y los símbolos de los diagramas):

LEYENDA DEL DIAGRAMA:

- □ Repetición de 8 p.
- ⌧ Trenza izq. 2/2
- ○ Laz.
- • D: p. del revés / R: p. del derecho
- ⌧ Trenza dcha. 2/2
- ╱ D: 2 d. jun.
- □ D: p. del derecho / R: p. del revés
- ⌧ Trenza izq. 1/1
- ⌧ Trenza dcha. 1/1
- ■ Ningún punto

Cuadrados y series

Cada cuadrado de un diagrama representa un punto de la labor. Las combinaciones de puntos, como las trenzas y las disminuciones, pueden abarcar varios cuadrados, lo que significa que esos puntos se trabajan como una unidad.

Ningún punto

En otros libros o patrones, cuando se disminuye un punto (y, por tanto, ya no existe en el resto de la sección), la ausencia se representa con un cuadrado negro o gris. En el ejemplo de la derecha, las instrucciones escritas equivalentes se leerían así:

H. 1 (D): *1 r., 1 d.; repita desde * hasta el final.
H. 2 (R.): *1 d., 1 r.; repita desde * hasta el final.

H. 3-6: Repita las hileras 1 y 2.
H. 7: Teja puntos del derecho.
H. 8: Teja puntos del revés.
H. 9 y 10: Repita las hileras 7 y 8.
H. 11: *Trenza izq. 2/2, trenza dcha. 2/2; repita desde * hasta el final.
H. 12: Teja puntos del revés.
H. 13: Teja puntos del derecho.
H. 14: Teja puntos del revés.
H. 15: *trenza izq. 1/1, trenza dcha. 1/1; Repita desde * hasta el final.
H. 16: Teja puntos del revés.
H. 17: 1 d., *laz., 2 d. jun.*; repita desde * hasta que quede 1 p., 1 d.
H. 18: Teja puntos del revés.
H. 19: Teja puntos del derecho.
H. 20: Teja puntos del revés.
repita las hileras 1-20.

Es decir, el diagrama se lee ignorando los cuadrados grises.

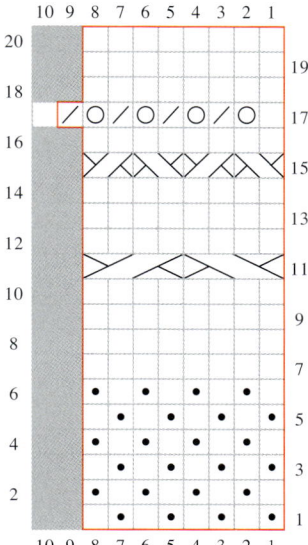

Numeración de las hileras

Para ahorrar espacio y hacer que los patrones resulten más fáciles de visualizar, los diseños en los que las hileras alternas son idénticas pueden no mostrarse en el diagrama. Esto queda claro por la numeración de las hileras (normalmente indicadas en vertical a un lado del diagrama), donde solo se numera una de cada dos hileras. A veces, en la leyenda también se explica cómo considerar esas hileras alternas, por ejemplo, como hileras de punto del revés.

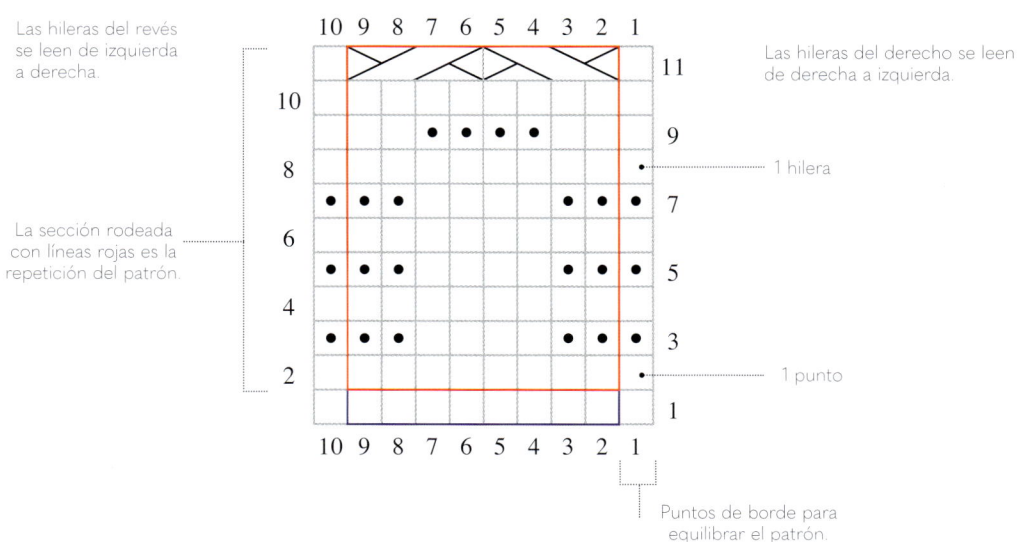

Las hileras del revés se leen de izquierda a derecha.

Las hileras del derecho se leen de derecha a izquierda.

1 hilera

La sección rodeada con líneas rojas es la repetición del patrón.

1 punto

Puntos de borde para equilibrar el patrón.

Tallas

En los diagramas de patrones de prendas de ropa, se pueden demarcar o resaltar de algún modo algunas secciones para indicar las diferentes instrucciones para cada talla.

Asegúrese de seguir la sección correspondiente a la talla que está tejiendo. Aquí, si estuviera haciendo la talla pequeña de la parte delantera izquierda (como una pieza separada de tejido plano), tejería las tres primeras hileras de la siguiente manera:

H. 1 (D): *1 r., 1 d., 1 r., 2 d.; repita desde * hasta el final.
H. 2: *2 r., 1 d., 1 r., 1 d.; repita desde * hasta el final.
H. 3: Repita la hilera 1.

La talla mediana sería:
H. 1 (D): *1 r., 1 d., 1 r., 2 d.; repita desde * hasta que queden 3 p.; 1 r., 1 d., 1 r.
H. 2: 1 d., 1 r., 1 d., *2 r., 1 d., 1 r., 1 d.; repita desde * hasta el final.
H. 3: Repita la hilera 1.

Y la talla grande:
Hilera 1 (D): *1 r., 1 d., 1 r., 2 d.; repita desde * hasta que quede 1 p.; 1 r.
H. 2: 1 d., *2 r., 1 d., 1 r., 1 d.; repita desde * hasta el final.
H. 3: Repita la hilera 1.

Varios diagramas

No es habitual que un diagrama muestre toda la prenda, pues se necesitaría un diagrama de grandes dimensiones. Por eso, cuando una pieza incluye áreas con diferentes patrones, habrá varios diagramas pequeños. El texto indicará cuál debe seguir en cada momento.

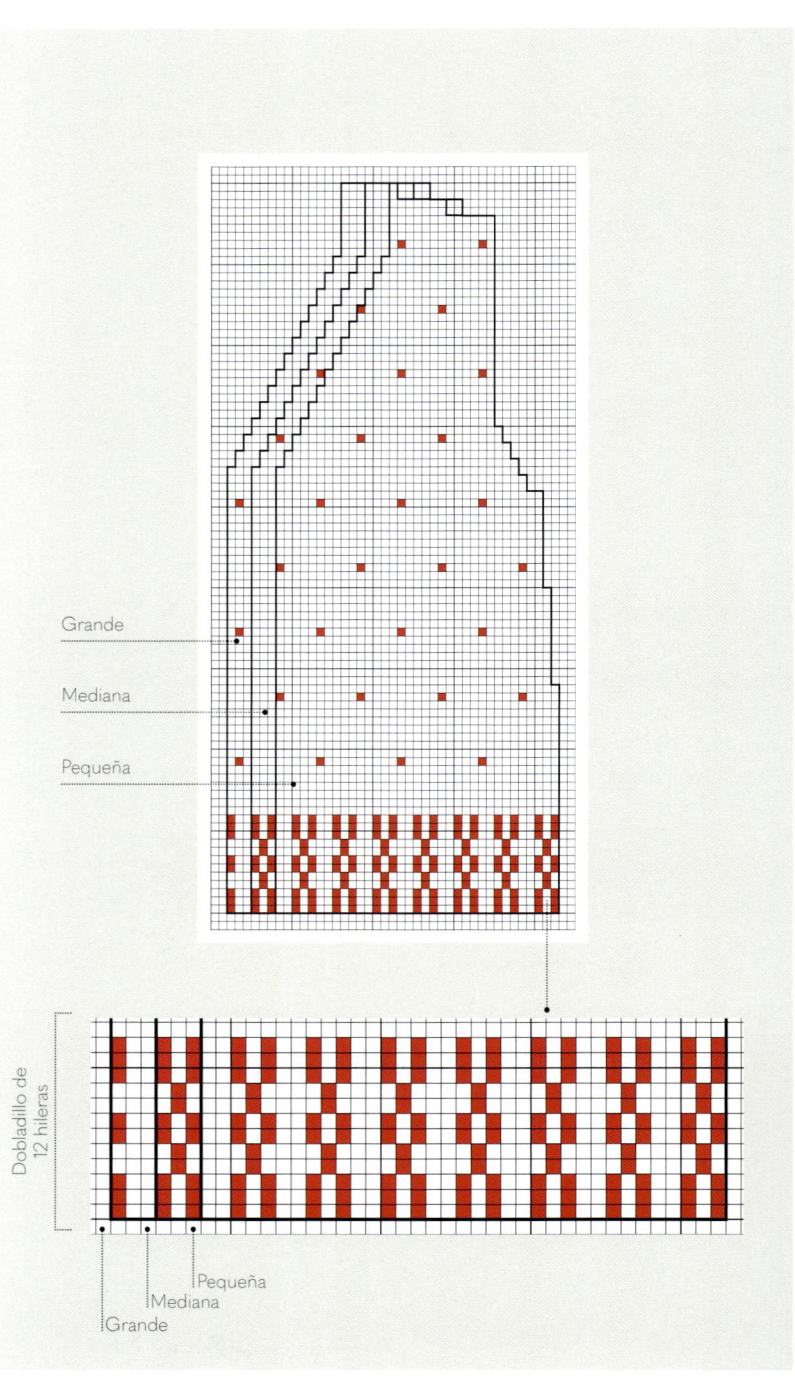

Dirección de la labor

Los diagramas se usan tanto para tejidos planos como trabajados en redondo. La diferencia radica en la dirección de la labor y en el orden en el que debe leerse el diagrama.

TEJIDO PLANO

Las hileras se suelen tejer empezando por la esquina inferior derecha y leyéndose de derecha a izquierda. La siguiente hilera se empieza por la izquierda y se lee de izquierda a derecha.

TEJIDO EN REDONDO

Con los proyectos trabajados en redondo, todas las vueltas se leen en la misma dirección; normalmente se empieza por la esquina inferior derecha y se lee de derecha a izquierda.

Puede parecer confuso, pero si visualiza la labor tal como la sujeta, una pieza plana se teje desde el borde derecho hacia la izquierda, luego se pasa a la mano izquierda y se continúa tejiendo desde el borde izquierdo hacia la derecha. En cambio, con un tejido en redondo siempre se teje en la misma dirección, normalmente de derecha a izquierda, y la labor nunca cambia de mano.

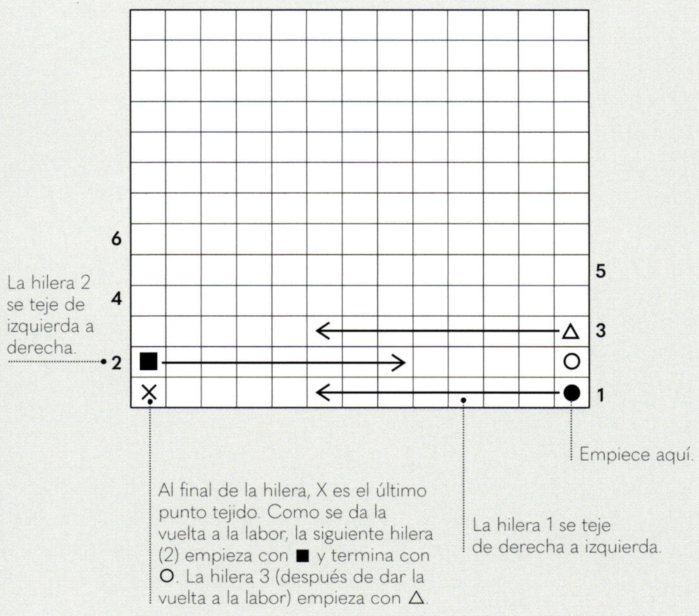

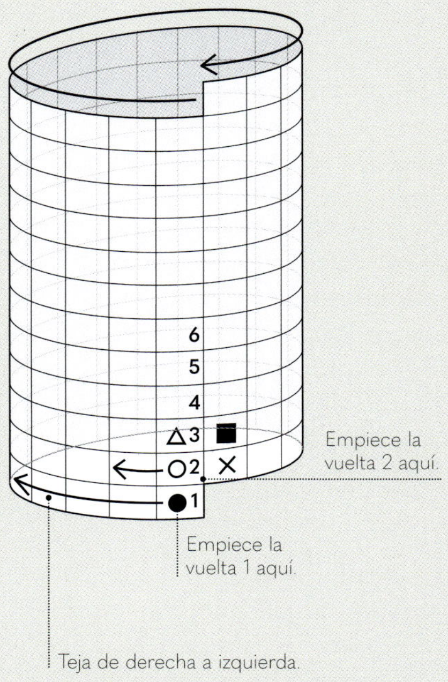

Al final de la vuelta, X es el último punto de la vuelta 1. El siguiente punto que hay que tejer es el primero de la vuelta 2. Tejiendo en redondo, será el punto O. El último punto de la vuelta 2 será ■. El primer punto de la vuelta 3 es △.

La hilera 2 se teje de izquierda a derecha.

Al final de la hilera, X es el último punto tejido. Como se da la vuelta a la labor, la siguiente hilera (2) empieza con ■ y termina con O. La hilera 3 (después de dar la vuelta a la labor) empieza con △.

Empiece aquí.

La hilera 1 se teje de derecha a izquierda.

Empiece la vuelta 2 aquí.

Empiece la vuelta 1 aquí.

Teja de derecha a izquierda.

Tensión

La muestra de tensión es la mejor amiga de cualquier tejedor, aunque seguramente también es la parte que menos gusta de cualquier proyecto. Basta con mencionarla para empezar a oír quejas. No obstante, aunque pueda parecer una molestia que solo sirve para mantenernos alejados de nuestra preciosa labor, puede ahorrarnos muchos disgustos.

Una muestra de tensión es simplemente la medida (longitud × anchura) de un punto tejido con unas agujas de un calibre específico y utilizando una técnica concreta. Dado que los puntos son la base de cualquier labor de punto, es lógico que si los hace más grandes o más pequeños que los del diseñador del patrón (normalmente porque teje con más o menos tensión), su pieza puede no tener el mismo tamaño final que la del diseñador. Pruebe a pedir a otras tres personas que tejan un cuadrado con las mismas agujas, hileras y puntos, y luego compare los tamaños de las muestras. Casi con toda seguridad serán diferentes. ¿Y esto es importante? Una diferencia sutil en un cuadrado pequeño puede parecer insignificante. No obstante, si sus puntos son tan solo una octava parte más grandes que los del diseñador, por cada 100 puntos que monte el diseñador, su labor medirá el equivalente a 12 puntos más (en un chal de 400 puntos, serían como 50 puntos adicionales, sin haber montado un solo punto de más). Del mismo modo, si su muestra de tensión es más pequeña que la del diseñador, su prenda también lo será en la misma proporción, y cuanto mayor sea la diferencia, más pequeña quedará la prenda.

Así pues, por mucho que la muestra de tensión pueda parecer un obstáculo diseñado para impedirnos empezar de inmediato con nuestro proyecto, merece la pena dedicarle tiempo.

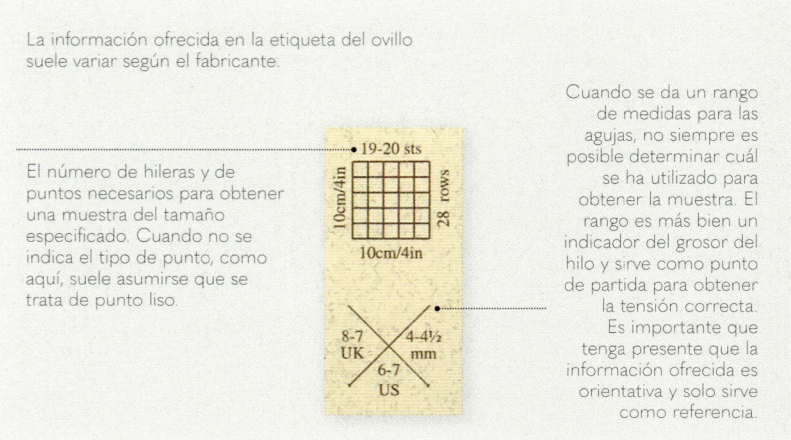

La información ofrecida en la etiqueta del ovillo suele variar según el fabricante.

El número de hileras y de puntos necesarios para obtener una muestra del tamaño especificado. Cuando no se indica el tipo de punto, como aquí, suele asumirse que se trata de punto liso.

Cuando se da un rango de medidas para las agujas, no siempre es posible determinar cuál se ha utilizado para obtener la muestra. El rango es más bien un indicador del grosor del hilo y sirve como punto de partida para obtener la tensión correcta. Es importante que tenga presente que la información ofrecida es orientativa y solo sirve como referencia.

Las medidas no coinciden

Hay ocasiones en las que no es posible hacer coincidir el número de hileras y de puntos a la vez. Con unas agujas, las hileras coinciden, pero salen menos puntos de la cuenta. Y, si tomamos unas agujas una medida más pequeña, el número de puntos es correcto pero entonces obtenemos pocas hileras.

Cada persona teje de una manera diferente, por lo que es bastante frecuente que no podamos hacer coincidir exactamente nuestra muestra con la tensión indicada en un patrón concreto. Si, tras intentarlo con un par de medidas de agujas, constata que no logra que coincidan tanto las hileras como los puntos, por lo general es recomendable asegurarse de que el número de puntos sea correcto, aunque eso suponga que la cantidad de hileras difiera de las del patrón. Cuando el número de hileras sea diferente del indicado en la muestra de

tensión, puede que tenga que tejer más o menos hileras para obtener una pieza de las dimensiones adecuadas. Si en el patrón se indican las medidas —por ejemplo, «teja hasta que la labor mida X cm»—, el número de hileras no suele ser importante, aunque es posible que no acabe las repeticiones en el mismo sitio. En los patrones que requieren un número específico de hileras, calcule cuál será la longitud a partir de la muestra de tensión indicada Compárela con la longitud que saldría con su muestra de tensión y trabaje más o menos hileras para que coincida con la longitud original. Probablemente no sea necesario realizar estos ajustes en las piezas pequeñas, pero sí en las largas. A ser posible, intente igualar la longitud en las zonas rectas. Si ajusta hileras en una zona donde deba levantar puntos, tal vez también tendrá que adaptar el número de puntos levantados.

Cómo medir la muestra de tensión

Teja la muestra tal como indica el patrón; unas veces debe hacerse
con un punto del patrón, mientras que otras con un sencillo punto
liso. Haga la muestra diez puntos más grande y teja diez hileras más
de las indicadas. Esto le permitirá medir el centro de la muestra,
lo que ofrece mayor precisión, pues los puntos del borde rara vez
tienen el mismo tamaño que el cuerpo principal de la labor y podrían
distorsionar sus cálculos.

1. Cierre la labor, lave la muestra y bloquéela. Lo ideal es no tocarla
más durante toda la noche para que los puntos se asienten. Utilice
un alfiler de cabeza grande para marcar, en el centro de la muestra,
una línea vertical a lo largo de una columna de puntos. Con una
regla, mida la anchura indicada (normalmente 10 cm). Marque esa
medida con un segundo alfiler y cuente los puntos que hay entre
los dos alfileres, puntos parciales incluidos.

2. Coloque un alfiler horizontalmente a lo largo de una hilera de
puntos, a unas hileras de distancia del borde y en el centro de la anchura
de la muestra. Mida la longitud indicada en una línea vertical recta y
márquela con un segundo alfiler. Cuente las hileras que hay entre los
dos alfileres, hileras parciales incluidas. Si las medidas de su muestra
coinciden con las del patrón, puede empezar a tejer con las mismas
agujas. Si el cuadrado de la muestra es demasiado pequeño, repita el
proceso con unas agujas de una medida más grande. Si el cuadrado
es demasiado grande, repítalo con unas agujas más pequeñas.

Cuando esté listo para empezar el proyecto, trabaje con las mismas
agujas que utilizó para tejer la muestra de tensión correcta, y
recuerde emplear agujas más pequeñas o más grandes para los
bordes y los ribetes, según corresponda.

CONSEJOS

- Si emplea hilos con textura, puede
ser difícil medir los puntos y las
hileras con precisión. Como solución,
tome un trozo de hilo liso de un
color que contraste e incorpórelo
a la labor después de tejer cuatro
o cinco hileras a modo de hilo
guía horizontal (*véase* la pág. 160).
Coloque un segundo trozo de hilo
entre los puntos cuarto y quinto para
marcar un borde, y luego añada otro
hilo después del número de puntos
indicado en la muestra de tensión del
patrón. Vaya subiendo estos dos hilos

por los laterales de la labor como si
hiciera puntos de bastilla, pasándolos
atrás y adelante cada dos hileras.
Cuando haya tejido el número
de hileras indicado en la muestra
de tensión, añada otro hilo guía
horizontal. Use estas cuatro guías
para medir su muestra de tensión.

- Etiquete las muestras de tensión y
guárdelas en una carpeta o una caja
para consultas futuras. Le serán útiles
si vuelve a tejer el mismo proyecto o
a usar el mismo hilo.

- Las muestras de tensión pueden
transformarse en posavasos, tapetes
o pequeños monederos. También
puede coserlas juntas y formar una
manta, creando una maravillosa
historia de sus labores.

- Si un patrón debe tejerse en
redondo, asegúrese de hacer la
muestra de tensión en redondo
porque la tensión suele variar con
respecto al tejido plano.

Ejemplos de trenzas

Las trenzas siguen principios parecidos. Una vez que domine los movimientos básicos, le resultará fácil seguir las instrucciones del glosario de las páginas 171-174 (también las encontrará en los patrones). Aquí tiene algunos ejemplos de técnicas para crear trenzas estándar, además de un par de puntos más inusuales que tal vez quiera incorporar a sus diseños.

Trenza a la izquierda de 4 puntos sobre un fondo de punto liso del revés (trenza izq. 2/2) ⬛⬛

Para hacer esta trenza, los puntos se sujetan por delante de la labor y se desplazan de derecha a izquierda. También se conoce como «trenza cruzada por delante».

1. Teja puntos del revés hasta llegar al inicio de la trenza. Ahora utilice la aguja aux.: pase los 2 puntos siguientes a la aguja aux. como si fuera a tejerlos del revés.

2. Mantenga la aguja aux. con los puntos por delante de la labor. Si usa una aguja aux. con forma de gancho, simplemente déjela caer por delante de la labor. En el caso de que sea recta o con una zona cóncava, aguántela con los dedos o introdúzcala con cuidado en el tejido, asegurándose de no dividir o enganchar el hilo.

3. Con el hilo del ovillo detrás de la labor, teja del derecho los 2 puntos siguientes de la aguja izq. del modo habitual. Para evitar que quede un agujero en el cruce, tire del hilo después de hacer el primer punto. Tal vez le parezca que los puntos quedan apretados y sean un poco difíciles de tejer. No se preocupe: ¡es normal!

4. Deje la aguja izq. detrás de la labor. Con la aguja aux. en la mano izq., teja del derecho 2 puntos de la aguja aux. Asegúrese de que los puntos se mantengan en el mismo orden y que no se retuerzan al levantar la aguja aux.

5. Una vez que haya tejido 2 puntos de la aguja aux., habrá completado la trenza a la izquierda (cruzada por delante). Teja puntos del revés hasta llegar al final de la hilera.

MÉTODO CONTINENTAL

Para ahorrar espacio en estas páginas y destinarlo a más puntos y diseños increíbles, los ejemplos ilustrados de trenzas solo se muestran con el hilo sostenido con la mano derecha, lo que se conoce como el método inglés.

Si usted sigue el método continental o sostiene el hilo con la mano izquierda, tenga en cuenta que el texto y los pasos son los mismos pero que el hilo vendrá de la mano izquierda en lugar de la derecha.

Trenza a la derecha de 4 puntos sobre un fondo de punto liso del revés (trenza dcha. 2/2) ⬚⬚

Para crear una trenza que se desplace de izquierda a derecha, los puntos se sujetan por detrás de la labor. Esta técnica también se conoce como «trenza cruzada por detrás».

1. Teja puntos del revés hasta llegar al inicio de la trenza. Ahora utilice la aguja aux.: pase los 2 puntos siguientes a la aguja aux. como si fuera a tejerlos del revés.

2. Mantenga la aguja aux. con los puntos por detrás de la labor. Si utiliza una aguja aux. con forma de gancho, simplemente déjela caer por detrás de la labor. En el caso de que sea recta o con una zona cóncava, aguántela con los dedos o introdúzcala con cuidado en el tejido, asegurándose de no dividir o enganchar el hilo.

3. Con el hilo del ovillo por detrás, teja del derecho los 2 puntos siguientes de la aguja izq. del modo habitual. Para evitar que quede un agujero en el cruce, tire bien del hilo después de hacer el primer punto. Tal vez le parezca que estos puntos quedan apretados y sean un poco difíciles de tejer. No se preocupe: ¡es normal!

4. Deje la aguja izq. detrás de la labor. Con la aguja aux. en la mano izq., teja del derecho 2 puntos de la aguja aux. Asegúrese de que los puntos se mantengan en el mismo orden y que no se retuerzan al levantar la aguja aux.

5. Una vez que haya tejido 2 puntos de la aguja aux., habrá completado la trenza a la derecha (cruzada por detrás). Teja puntos del revés hasta llegar al final de la hilera.

2

Trenza en elástico a la izquierda de 12 puntos sobre un fondo de punto liso del revés (trenza elást. izq. 6/6)

Esta trenza más ancha incorpora una textura acanalada. Lo bonito de las trenzas en elástico es que son reversibles, por lo que resultan ideales para proyectos que tengan ambas caras del tejido visibles.

1. Teja hasta llegar al inicio de la trenza. Pase los 6 puntos siguientes a la aguja aux. como si fuera a tejerlos del revés.

2. Mantenga la aguja aux. con los puntos por delante de la labor.

3. Con el hilo del ovillo por detrás, trabaje los siguientes puntos de la aguja izq. con punto elástico: (1 d., 1 r.) 3 veces.

4. Deje la aguja izq. detrás de la labor. Con la aguja aux. en la mano izq., trabaje los puntos de la aguja aux. con punto elástico: (1 d., 1 r.) 3 veces.

D (fondo de punto liso del revés)

R (fondo de punto liso)

4

5. Una vez que haya tejido los 6 puntos de la aguja aux., habrá completado la trenza. Teja hasta llegar al final de la hilera.

6. Los puntos que forman la trenza se trabajan con punto elástico en toda la labor para crear una trenza reversible. No obstante, tenga en cuenta que el fondo no será realmente reversible.

Trenza en elástico a la derecha de 12 puntos sobre un fondo de punto arroz (trenza elást. dcha. 6/6)

Para obtener un tejido totalmente reversible, las trenzas en elástico se pueden combinar con un fondo tejido con un punto reversible. En este caso, se ha utilizado punto arroz en lugar del punto liso del revés. El punto arroz doble y el punto bobo también son buenas opciones.

1. Teja hasta llegar al inicio de la trenza. Pase los 6 puntos siguientes a la aguja aux. como si fuera a tejerlos del revés.

2. Mantenga la aguja aux. con los puntos por detrás de la labor.

3. Con el hilo del ovillo por detrás, trabaje los siguientes puntos de la aguja izq. con punto elástico: (1 d., 1 r.) 3 veces.

4. Deje la aguja izq. detrás de la labor. Con la aguja aux. en la mano izq., trabaje los puntos de la aguja aux. con punto elástico: (1 d., 1 r.) 3 veces.

5. Una vez que haya tejido los 6 puntos de la aguja aux., habrá completado la trenza. Teja hasta llegar al final de la hilera.

6. Los puntos que forman la trenza se trabajan con punto elástico en toda la labor para crear una trenza reversible. Aquí la trenza en elástico está sobre un fondo de punto arroz, así que se obtiene un tejido totalmente reversible.

2

Trenza a la izquierda de 9 puntos tejida con dos agujas auxiliares (trenza izq. 4/1/4)

Cuando dos columnas de puntos se cruzan por encima de un tercer grupo central se obtienen «ochos». Para hacer este tipo de trenzas, puede ser necesario utilizar dos agujas auxiliares. Este ejemplo de trenza a la izquierda de nueve puntos muestra una manera de hacerlo.

1. Teja hasta llegar al inicio de la trenza. Pase los 4 puntos siguientes a la aguja aux. como si fuera a tejerlos del revés.
2. Mantenga la aguja aux. con los puntos por delante de la labor.
3. Deslice el siguiente punto de la aguja izq. a una segunda aguja aux.

4. Sujete la segunda aguja aux. detrás de la labor.
5. Teja del derecho los siguientes 4 puntos en la aguja izq.

6. Teja del derecho el punto siguiente de la aguja aux. de detrás de la labor.

7. Teja del derecho 4 puntos de la aguja aux. de delante de la labor.
8. Una vez que haya hecho unas pocas hileras, verá el aspecto de esta trenza.

Trenza a la derecha de 9 puntos tejida con una aguja auxiliar (trenza dcha. 4/1/4)

Algunos ochos pueden trabajarse con una sola aguja auxiliar. En tal caso, puede ser necesario separar los puntos de la aguja aux. y pasar la aguja aux. hacia delante de la labor (o viceversa) antes de completar el punto. Este ejemplo de trenza a la derecha de nueve puntos muestra una manera de hacerlo.

1. Teja hasta llegar al inicio de la trenza. Pase los 5 puntos siguientes a la aguja aux. como si fuera a tejerlos del revés.
2. Mantenga la aguja aux. con los puntos por detrás de la labor.

3. Con el hilo del ovillo por detrás, teja del derecho los siguientes 4 puntos de la aguja izq. del modo habitual.
4. Deslice 1 punto de la aguja aux. a la aguja izq.

5. Lleve la aguja aux. delante de la labor.
6. Teja del derecho el punto siguiente de la aguja izq.

Sujete los puntos con los dedos.

7. Teja del derecho los 4 puntos de la aguja aux.
8. Una vez que haya hecho unas pocas hileras, verá el aspecto de esta trenza.

TEJER TRENZAS SIN UNA AGUJA AUXILIAR

Las trenzas se pueden hacer sin usar ninguna aguja auxiliar. En tal caso, los puntos se desplazan manipulándolos con los dedos. Como esta técnica puede producir puntos escalonados, merece la pena que practique en su muestra para ser consciente del cuidado que debe tener con el hilo.

Ejemplos de trenzas ilimitadas

Las trenzas ilimitadas se llaman así porque no tienen ni principio ni fin. Se utilizan para crear trenzas «flotantes», que comienzan en medio del tejido. Requieren trabajar varios aumentos y disminuciones para suavizar las curvas y los bucles y para evitar uniones abultadas. Esta técnica se emplea en los puntos de las páginas 102-109, 116, 118-119 y 127.

Trenza ilimitada de 5 puntos: aumentos múltiples

La parte inferior del círculo ilimitado se crea trabajando varios aumentos. Se teje en el derecho del tejido.

PRIMERA ETAPA: AUMENTE 1 PUNTO (AUM. 1)

1. Teja hasta llegar al inicio de la trenza. Desde delante, introduzca la punta de la aguja izq. por debajo de la hebra situada entre las dos agujas.

2. Teja un punto del derecho en la parte de detrás de la lazada.
3. Saque el nuevo punto de la aguja izq. (1 punto aumentado).

SEGUNDA ETAPA: HAGA 3 PUNTOS EN 1 PUNTO (AUM. 1 A 3)

4. Introduzca la aguja dcha. por detrás del punto siguiente de la aguja izq.

5. Teja un punto del derecho, pero sin sacarlo de la aguja izq.

6. Lleve la aguja dcha. hacia delante y teja 1 d. por delante del mismo punto.
7. Saque el punto de la aguja izq. (2 puntos aumentados).

8. Desde detrás, introduzca la aguja izq. en la hebra de debajo del punto que acaba de tejer en la aguja dcha.

9. Haga un punto del derecho y saque el punto de la aguja izq. (3 puntos aumentados).

10. Repita los pasos 1-3. En total se han aumentado 4 puntos.

TERCERA ETAPA: DISMINUCIONES MÚLTIPLES

En este momento, habrá completado varios aumentos y tendrá dos puntos que forman la columna derecha de la trenza, un punto central que será el «relleno» y dos puntos que crearán la columna izquierda.

Las hileras siguientes se trabajan como una trenza normal, sin aumentar puntos, hasta que llega el momento de cerrar el círculo.

Para completar el círculo, debemos volver al número de puntos original. Esto se consigue haciendo una serie de disminuciones en el revés del tejido.

11. Teja hasta llegar al inicio de la trenza. Pase los 3 p. siguientes a la aguja dcha. como si fuera a tejerlos del revés.
12. Con la aguja izq., levante el 2.º punto de la aguja dcha. y páselo por encima del 1.º.
13. Saque el punto levantado de la aguja dcha. (1 punto disminuido).
14. Pase el 1.er p. de la aguja dcha. a la aguja izq. como si fuera a tejerlo del revés.

15. Con la aguja dcha., levante el 2.º punto de la aguja izq. y páselo por encima del 1.º.
16. Saque el punto levantado de la aguja izq. (2 puntos disminuidos).
17. Pase el 1.er punto de la aguja izq. a la aguja dcha. como si fuera a tejerlo del revés.
18. Repita los pasos 12-16 (4 puntos disminuidos).
19. Teja del derecho el siguiente punto deslizado en la aguja izq. Teja hasta llegar al final de la hilera del modo habitual.
20. Después de trabajar unas cuantas hileras a punto liso del revés, verá un círculo con curvas suavizadas en la parte superior e inferior.

Círculo parcialmente completado, listo para hacer las disminuciones múltiples.

Trenza ilimitada de 7 puntos: aumentos múltiples

Para tejer una trenza más ancha hay que aumentar más puntos. Una trenza con tres puntos en cada columna tendrá tres puntos por columna además del punto central, lo que en total serán siete puntos. Como hay muchos aumentos, deben trabajarse en dos hileras: primero cuatro en la hilera D y luego un segundo grupo de dos en la hilera R.

ETAPAS 1 Y 2: AUMENTOS MÚLTIPLES EN LAS HILERAS D Y R

1. Aumentos en hileras D: (aum. 1 y aum. 1 a 3): hágalos como en la trenza ilimitada de 5 puntos (*véanse* las págs. 154 y 155).
2. Aumentos en hileras R (1 r., laz., 1 r.): teja el punto siguiente del revés del modo habitual, pero no saque el punto de la aguja izq.

3. Eche hebra alrededor de la aguja dcha. en el sentido contrario a las agujas del reloj.

4. Teja un punto del revés en el mismo punto.
5. Saque el punto de la aguja izq. (2 puntos aumentados).

Una vez que haya completado los aumentos, en la siguiente hilera debe tejer del revés en la parte de detrás de la lazada. Esto no es un aumento, sino que sirve para cerrar el agujero que de otro modo se crearía al echar hebra. La labor se sigue trabajando haciendo un par de columnas de 3 puntos y un relleno central.

Cuando llegue el momento de completar el círculo, volverá a disminuir la labor de 7 puntos a 1.

ETAPA 3: DISMINUCIONES MÚLTIPLES (DISM. 7 A 1)

6. Con el hilo detrás de la labor, pase los 4 puntos siguientes a la aguja dcha. como si fuera a tejerlos del revés.
7. Con la aguja izq., levante el segundo punto de la aguja dcha. y páselo por encima del primero.

8. Pase el primer punto de la aguja dcha. de nuevo a la aguja izq. como si fuera a tejerlo del revés.
9. Con la aguja dcha., levante el 2.º punto de la aguja izq. y páselo por encima del 1.º.

10. Pase el 1.er punto de la aguja izq. de nuevo a la aguja dcha. como si fuera a tejerlo del revés.
11. Repita una vez los pasos 7-10 y luego los pasos 7-9.
12. Teja del derecho los puntos deslizados restantes. Teja hasta llegar al final de la hilera del modo habitual.
13. Después de trabajar unas cuantas hileras a punto liso del revés, verá un círculo con curvas suavizadas en la parte superior e inferior.

Círculo parcial, listo para hacer las disminuciones múltiples.

Ejemplo de trenza horizontal

Para crear trenzas más complejas, sobre todo con nudos, es útil saber hacer trenzas horizontales. Como suelen hacerse verticales, hay que tener en cuenta varias consideraciones especiales.

HILERA 1

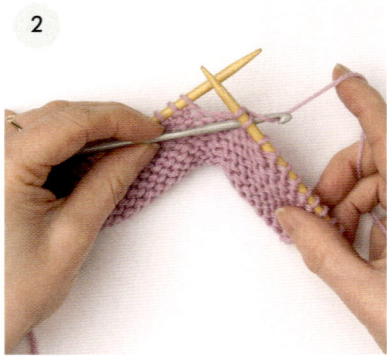

1. Teja hasta llegar al inicio de la trenza. Teja del derecho los 2 puntos siguientes.

2. Desde delante, introduzca una aguja de ganchillo en el punto de la dcha. y saque la lazada hacia delante.

3. Haga lo mismo en el punto de la izq.

4. Pase 2 puntos a la aguja izq. y coloque bien los puntos para que no se retuerzan. Teja del derecho estos 2 puntos nuevos.

5. Vuelva a pasar estos 2 puntos a la aguja izq.

6. Eche hebra (primero el hilo vendrá de la aguja izq.).

7. Teja del derecho el punto siguiente, [desl. 1, desl. 1, 2 d. jun.].

8. Deslice los 3 p. recién hechos a la aguja izq.

9. Teja 1 d. en la parte trasera del p. siguiente y luego en la delantera (de nuevo, primero el hilo vendrá de la aguja izq.), 1 d., [desl. 1, desl. 1, 2 d. jun.].

10. Repita los pasos 8 y 9 hasta alcanzar la longitud deseada, pero en la últ. disminución haga 2 r. jun. en vez de [desl. 1, desl. 1, 2 d. jun.].

CIERRE DE LA HILERA 1

1. Pase los puntos de la trenza horizontal de nuevo a la aguja izq., excepto los 2 puntos del derecho iniciales, que siguen en la aguja dcha.

2. En la aguja dcha., pase el 2.º punto por encima del primero.

3. Deslice el punto siguiente de la aguja izq. a la aguja dcha.
4. Repita las instrucciones desde el paso 2 hasta que también haya deslizado un punto por encima de los 2 r. jun.
5. Teja el resto de la hilera. La trenza horizontal ocupa la hilera en la que se teje y cubre la hilera de debajo.

NOTA

Los primeros puntos tejidos en una trenza puede que parezcan estar sueltos, pero mejorarán a medida que progrese la labor. Asegúrese de no tirar mucho del hilo hacia el revés de la labor, o de trabajar la trenza ejerciendo demasiada presión, ya que le quedaría plana. Habrá un punto adicional.

HILERA 2

1. Teja hasta llegar a la trenza, luego recoja y teja del derecho por la parte de detrás de cada punto cerrado para reemplazarlo.

2. Teja 2 d. jun. para volver a tener los mismos puntos que antes.

Consejos, trucos y errores

Hasta los tejedores más experimentados cometen errores. Pero, por suerte, hay algunos consejos y trucos que evitarán que se equivoque. Si sabe identificar un fallo, suele ser fácil corregirlo siguiendo unas sencillas técnicas.

Utilice «hilos guía»

Los hilos guía son prácticos cuando se aprende un diseño o una técnica nuevos porque permiten deshacer los puntos para volver hasta una sección que se sabe que está bien. Esta guía es un hilo liso de un color que contraste con la labor y de unos 50 cm más que el tejido bien extendido. Debe ser fino para atravesar los puntos sin deformarlos, pero lo suficientemente resistente para que no se rompa.

Para introducir un hilo guía, decida dónde quiere que esté su marca de referencia; normalmente es en la primera hilera de la repetición del patrón. Enhebre una aguja lanera con su hilo guía. Pase la aguja a través

de los puntos de la aguja de tejer, asegurándose de no separar los puntos, ya que podría dañar el hilo y, si tuviera que deshacer la labor, le costaría más.

Siga tejiendo el patrón. Si necesita utilizar el hilo guía, saque todos los puntos de la aguja y deshaga la labor hasta la hilera con el hilo guía. Introduzca la punta de la aguja de tejer (o una más pequeña, si fuera necesario) en cada punto, siguiendo exactamente el hilo guía, por más raro que pueda parecerle. Una vez que tenga los puntos de nuevo en la aguja de tejer,

podrá reemprender la labor. Puede dejar los hilos guía en la labor hasta que la termine, o bien retirar uno cuando esté satisfecho con una sección y colocar otro al principio de la siguiente repetición del patrón.

Cuente las hileras

Contar cuando se tejen trenzas es especialmente complicado porque no es fácil ver en qué hilera exacta se produce la torsión. Una manera de lidiar con ello es utilizando hilos guía (*véase* arriba). No obstante, esto requiere mucho tiempo si la repetición de la hilera es corta. Otra opción práctica consiste en utilizar un marcador de puntos del tipo candado, colocándolo dos o tres puntos antes de retorcer los puntos de la trenza. Así, si pierde la cuenta, podrá volver al marcador y contar las hileras como en un tejido hecho a punto liso o punto bobo, ya que sabrá que el marcador es el inicio de la hilera de la trenza (¡contar le será mucho más fácil!).

CÓMO CONTAR LOS PUNTOS LISOS Y LOS PUNTOS LISOS DEL REVÉS

Cada «V» representa una hilera. Al contar, excluya la hilera de montaje y la hilera de las agujas. Con las hileras de puntos lisos del revés se hace igual, pues se cuentan desde el lado liso (que son puntos del derecho).

CÓMO CONTAR LOS PUNTOS BOBOS

Cada arco con un surco representa dos hileras. Como con el punto liso, debe ignorar la hilera de montaje y la de las agujas.

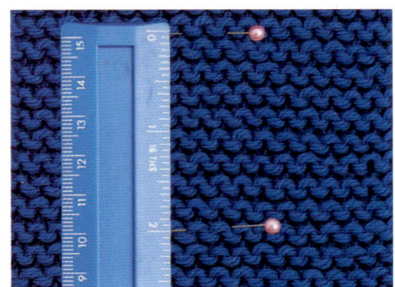

Identifique y evite errores

Cuanto antes detecte un error, menos trabajo le dará enmendarlo. Los fallos más habituales surgen al malinterpretar el patrón y al no anticiparse a lo que vendrá. Cuando se teje con dos agujas, los problemas más habituales son los puntos caídos, hacer más puntos de la cuenta, perderse y descontarse o malinterpretar el patrón.

INTERPRETE BIEN LOS PATRONES

Es frustrante, pero las abreviaturas de los patrones y los símbolos de los diagramas no están estandarizados. Incluso los tejedores más experimentados deberían leer todas las notas y abreviaturas del patrón antes de empezar. Si no está seguro de lo que significa un término, ¡no haga conjeturas! Busque en libros o en internet cualquier explicación o técnica que desconozca. Puede que encuentre los datos de contacto del diseñador o una fe de erratas disponible en línea.

ANTICÍPESE

Muchos errores pueden evitarse si uno se anticipa y lee los patrones enteros antes de comenzar. Evidentemente,

no es necesario memorizar todo el patrón, pero merece la pena estar al tanto de cualquier indicación inusual y, sobre todo, de las secciones en las que se llevan a cabo varias acciones simultáneas.

PATRONES CON TRENZAS Y PUNTOS DESPLAZADOS

Los errores más habituales al tejer trenzas ocurren al contar las hileras rectas que hay entre las hileras con puntos retorcidos. Para evitar este tipo de error, se recomienda marcar las hileras en un diagrama fotocopiado o redibujado. También debe fijarse en que los puntos se retuerzan hacia la dirección correcta, La dirección suele depender de si los puntos se sujetan por delante o por detrás de la labor. La única manera de estar seguro es comprobando la labor después de cada hilera con puntos retorcidos, guiándose tanto por la imagen del patrón como por las instrucciones escritas.

PATRONES CON VARIOS PUNTOS Y COLORES

En cuanto a los patrones que combinan diferentes puntos y colores, lo mejor

CONSEJOS

- Haga una fotocopia del patrón y señale las partes con instrucciones inusuales o múltiples.
- Si fuera necesario, desarrolle por escrito o con símbolos las hileras con instrucciones múltiples.
- Trabaje en un lugar bien iluminado, sobre todo si utiliza un hilo oscuro o si la labor combina colores parecidos.
- Use un rotulador fluorescente o un lápiz suave para tachar las hileras del diagrama a medida que las complete. Los contadores de hileras y las notas adhesivas (que se colocan debajo de la hilera que se trabaja) también van bien para llevar el seguimiento. No tache las hileras con bolígrafo o rotuladores permanentes, pues puede que necesite releerlas más adelante.

es comprobarlos de forma regular, comparando la labor con la ilustración y el patrón o diagrama.

UTILICE MARCADORES DE PUNTOS

Los marcadores se usan para asegurarse de tener el número de puntos correcto antes y después de cualquier repetición del patrón. También sirven para comprobar si las repeticiones se han hecho bien. Coloque un marcador al inicio de la primera repetición, al inicio de cada repetición subsiguiente y al final de la última repetición. Si se utilizan correctamente, los marcadores limitan a una sola hilera el margen de error al contar puntos. No obstante, tenga en cuenta que esto no evita necesariamente cometer errores dentro de una repetición. También merece la pena que compruebe que haya el mismo número de puntos en todas las repeticiones.

CÓMO ARREGLAR ERRORES EN PUNTOS DEL PATRÓN

Los puntos de las trenzas pueden desmontarse en bloque. Ponga un imperdible o un guardapuntos a través de la pata izquierda de cada punto de la hilera anterior de la que está mal. Suelte y deshaga todos los puntos afectados hasta llegar a los guardapuntos. Enmiende los puntos como proceda utilizando los puntos del guardapuntos como hilera base (si trabaja trenzas, puede que necesite utilizar una aguja auxiliar para retorcer puntos); luego use una aguja de ganchillo para llevar los puntos de uno a uno a las agujas.

Cómo diseñar trenzas

Para complementar los puntos de este libro, también puede crear sus propias trenzas y convertirlas en increíbles diseños.

En busca de la inspiración

Las trenzas suelen trabajarse a modo de paneles o motivos, y muchas se inspiran en nudos celtas o irlandeses y en símbolos folklóricos tradicionales. Las runas son también una fantástica fuente de inspiración; hay muchos libros bellamente ilustrados sobre esta tema, como el *Libro de Kells*, que le darán una infinidad de ideas. Los patrones entrelazados forman parte de tradiciones de todo el mundo; los encontrará en intrincados diseños del arte chino, en vitrales, en tejidos africanos, etc.

Puede buscar ideas en libros o diseños de calígrafos especializados en crear símbolos para manuscritos iluminados y obras de caligrafía.

La naturaleza y la arquitectura también son grandes fuentes de inspiración. Los árboles y su corteza, las plantas y las hojas, las olas y los ríos, e incluso los animales, pueden suscitar ideas brillantes. En cuanto a las construcciones, las puertas, las verjas, los arcos, las fachadas de ladrillo, las obras de forja e incluso las tapas de alcantarilla pueden ser fuentes fascinantes de formas y patrones.

De la idea al diseño

Una vez que haya identificado una imagen o una idea, esbócela en una hoja de papel o con un programa informático de dibujo. Si dibujar no acaba de ser lo suyo, también puede hacer una foto, imprimirla y calcar las formas principales del diseño. Si sabe manejar programas informáticos, puede importar la imagen y trazarla digitalmente.

Paso 1: Identifique la imagen.

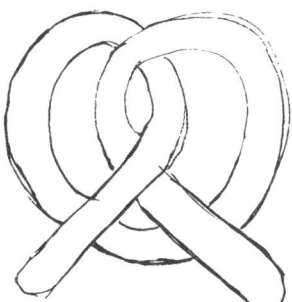

Paso 2: Esbócela en una hoja de papel o cálquela a partir de una impresión o una foto.

Paso 3: Siga los pasos de las páginas siguientes hasta termina su trenza.

Los entresijos de las trenzas

Una parte importante de la estructura de las trenzas es dónde están situadas las columnas y si cada una pasa por encima o por debajo de la que tiene al lado. La manera en que se combinan estas dos posiciones cambiará drásticamente el aspecto de la trenza terminada.

Compare estos dos ejemplos de trenzas. En la trenza de la izquierda, las torsiones son siempre hacia la derecha y se trabajan bien juntas. Esto crea una trenza parecida a una soga, una de las más clásicas.

Cuando las mismas dos columnas se retuercen de manera que una de ellas gire a la izquierda y luego a la derecha, una trenza quedará encima de la otra. Esto puede observarse en la trenza de la derecha.

Visualización de la trenza acabada

Una manera fantástica de visualizar cómo quedarán las trenzas consiste en clavar con alfileres un cordel o un cordón tubular sobre un corcho o un tablero de espuma cubierto con papel cuadriculado para patrones de punto. Así verá cómo se superponen las columnas en tres dimensiones y obtendrá una representación muy aproximada del aspecto que tendrá la trenza terminada.

CONSEJO

Si utiliza hilo o cordel de otro color para cada columna, le será más fácil visualizar cómo se entrelazan las columnas de la trenza y convertir la trenza en un diagrama.

Si dispone de una máquina (mecánica o manual) para hacer cordones tubulares, puede crear varios de diferentes colores.

Boceto del diseño

La manera más rápida de asegurarse de que su diseño mantiene la forma correcta al tejerlo es esbozándolo en papel cuadriculado para patrones de punto. En internet hay varias páginas web que permiten imprimir papel cuadriculado personalizado de manera gratuita. Algunos programas informáticos de tejer también ofrecen esta opción. Puede usar papel cuadriculado normal, pero, como los puntos son rectangulares en vez de cuadrados, las trenzas que dibuje puede quedar deformadas.

1. Con alfileres, clave el cordel o el cordón tubular para formar su diseño.

2. Asegurándose de que el cordel no se mueve, trace todo el contorno para obtener un dibujo del diseño en las proporciones correctas en el papel cuadriculado.

3. Una vez completado todo el contorno, retire los alfileres de una de las secciones donde se superponga el cordel e indique en lápiz qué parte pasa por encima.

4. Haga lo mismo en cada cruce, marcando solo los cordeles que pasan por encima de otros.

5. De este modo, obtendrá los puntos clave de su trenza. A continuación, ya puede retirar todo el cordel.

6. En lápiz, anote los tipos de trenzas y los lugares donde van a ir los cruces.

7. Una vez que haya creado el diagrama (*véase* en la página opuesta), sígalo para tejer una muestra. Tenga en cuenta que tendrá que ser flexible, ya que puede que deba retocar o simplificar su diseño.

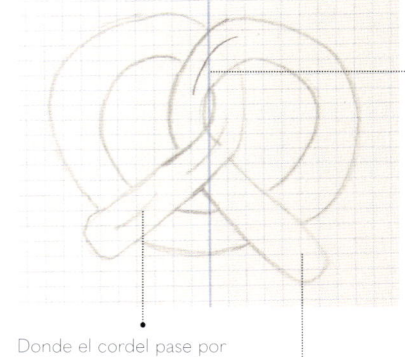

Los ochos (*véase* la pág. 152) se forman cuando queremos crear trenzas con dos columnas que se cruzan por encima de un punto centra Por ejemplo, la trenza dcha. 2/1/2 e un ocho, en la que el «1» central separa las dos columnas de los lados.

Donde el cordel pase por encima hacia la derecha, utilice una trenza retorcida a la derecha, como una trenza dcha. 2/2 o una trenza dcha. 2/1; así se desplazará en la dirección correcta.

Donde el cordel pase por encima hacia la izquierda, utilice una trenza retorcida a la izquierda, como una trenza izq. 2/2 o una trenza izq. 2/1; así se desplazará en la dirección correcta.

CONSEJO

Si diseña un motivo grande, imprímalo en varias páginas y júntelas con cinta adhesiva.

La muestra lleva al éxito

Para averiguar la proporción correcta de su papel cuadriculado primero teja una muestra de tensión.

1. Determine su tensión utilizando el hilo y las agujas que empleará para trabajar su diseño. Teja una muestra a punto liso con este hilo y estas agujas. La muestra debe ser un cuadrado de al menos 10 cm.

2. Imprima el papel cuadriculado de acuerdo con la tensión (en la página 146 encontrará información para calcular la tensión) de manera que el número de recuadros coincida con el número de puntos e hileras.

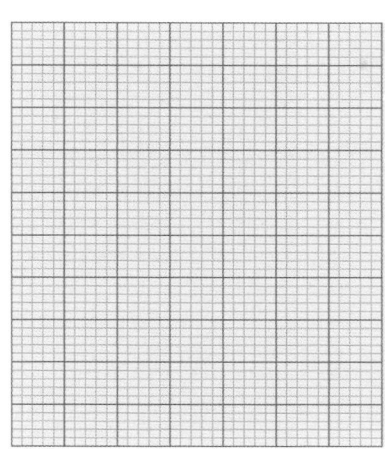

CONSEJO

Como las proporciones varían según el patrón, el hilo y la tensión, en este libro hemos ilustrado los puntos en casillas cuadradas (papel cuadriculado convencional). No obstante, recomendamos crear diagramas con las proporciones correctas de cada proyecto para evitar distorsiones en el diseño final. Abajo, verá cómo queda el bretzel representado en papel cuadriculado normal y en papel para patrones de punto, que es el más recomendado.

Creación de un diagrama en papel cuadriculado para patrones de punto

Una vez esbozada la trenza, tendrá que convertirla en un diagrama. Transformar el dibujo en un patrón requiere comprender qué puntos hay que usar para crear los efectos deseados. En este caso, para hacer el bretzel se han empleado técnicas para aumentar puntos, como «aum. 1, aum. 1 a 5, aum. 1», donde se requiere un aumento rápido que cree los centros abiertos de cada lado del bretzel. Estos aumentos también harán que la trenza se curve tanto hacia la izquierda como hacia la derecha.

DIAGRAMA EN UN PAPEL CUADRICULADO

En la parte superior de la curva tenemos que menguar varios puntos en una hilera para volver a tener la misma cantidad de puntos que al principio y para redondear la forma.

En el borde superior se utilizan trenzas retorcidas a la derecha y a la izquierda para formar la curva superior del bretzel.

Una técnica para aumentar puntos rápidamente como «aum. 1, aum. 1 a 5, aum. 1» crea el hueco de cada lado del bretzel y redondea la forma de la trenza.

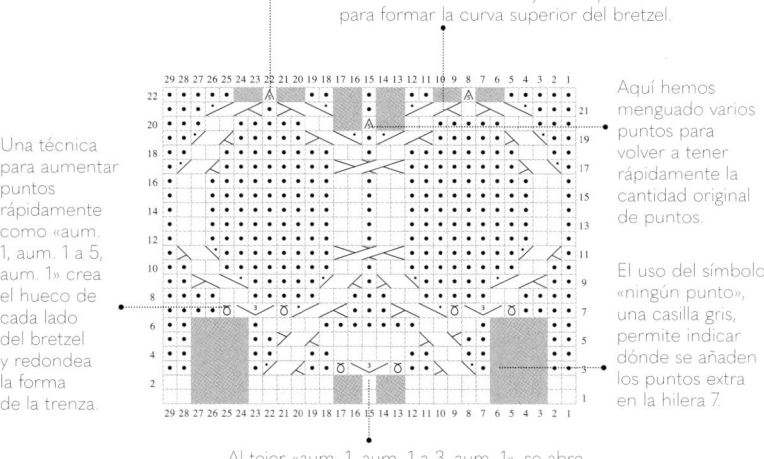

Aquí hemos menguado varios puntos para volver a tener rápidamente la cantidad original de puntos.

El uso del símbolo «ningún punto», una casilla gris, permite indicar dónde se añaden los puntos extra en la hilera 7.

Al tejer «aum. 1, aum. 1 a 3, aum. 1», se abre el borde inferior del bretzel y se obtienen los puntos necesarios para crear las columnas que se cruzan en el centro.

DIAGRAMA EN UN PAPEL CUADRICULADO PARA PATRONES DE PUNTO (PERMITE REPRESENTARLO EN LAS PROPORCIONES CORRECTAS)

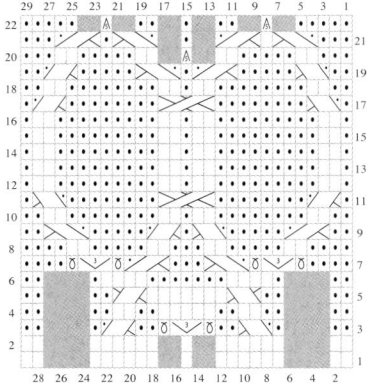

Combinación de trenzas

Además de trenzas individuales, muchos patrones combinan varias para formar un panel más grande. El apartado «Combinaciones» (*véase* en la página opuesta), le ayudará a decidir qué trenzas quedarán bien juntas. Hay muchas opciones maravillosas, pero le damos algunas ideas para empezar.

Combinaciones simples, diseños simétricos y alineaciones

Si teje dos trenzas de 3 puntos trabajadas en 2 hileras al lado de una colmena de 4 hileras, se alinearán cada 2 hileras (1). Puede hacer una serie de trenzas de 4 puntos a modo de repetición de 12 hileras (2; izquierda), juntar dos para formar una colmena tejida en 4 hileras (2; centro) o crear una repetición intercalada de 4 hileras (2; derecha). También puede juntar dos trenzas de 6 puntos, retorciendo una a la izquierda y la otra a la derecha, y crear un interesante diseño simétrico; puede trabajarlas junto a una repetición de 12 o de 6 hileras, donde las 3 trenzas se alinearían cada 24 hileras (3).

NOTA

Para no tener que trabajar con diagramas muy grandes, el patrón puede estar dividido en diagramas más pequeños y compactos. El patrón le indicará qué diagrama debe seguir en cada momento.

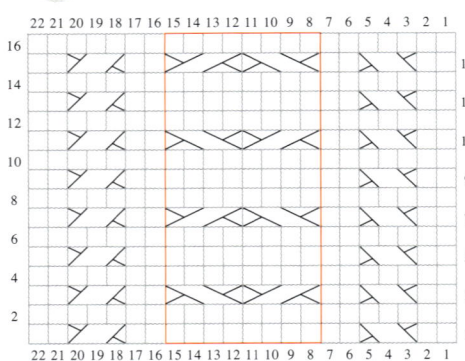

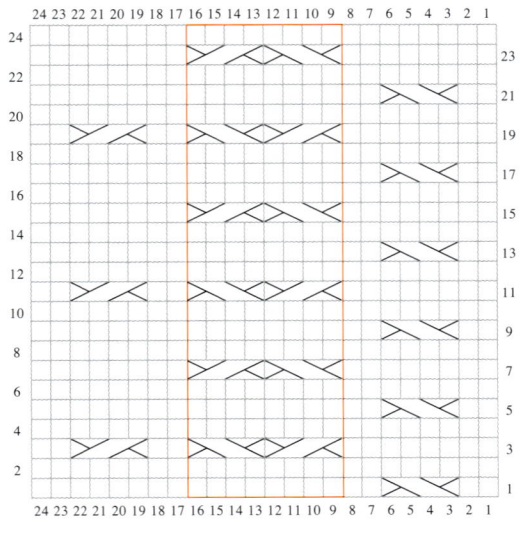

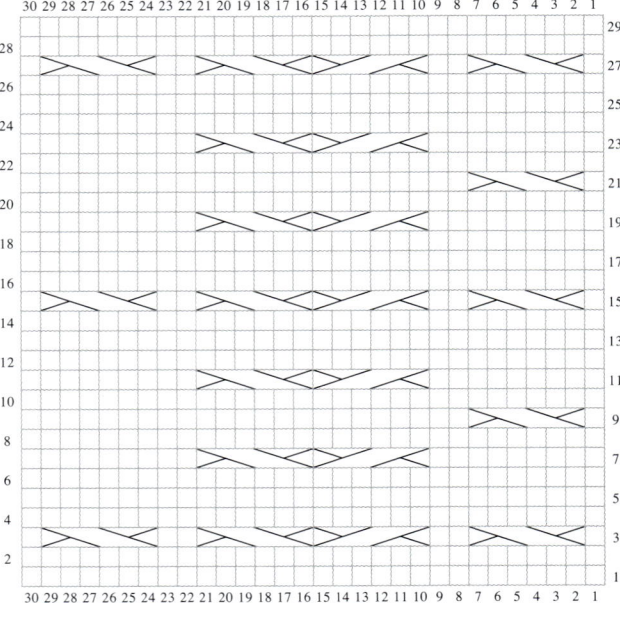

Combinaciones

Para que le sea más fácil elegir los patrones que combinará, hemos incluido un resumen titulado «Combinaciones» en cada patrón que detalla la repetición de puntos y de hileras. Así, de un solo vistazo, sabrá cuántas repeticiones necesitará para alinear dos o más trenzas. Por ejemplo, una trenza con una repetición de 2 hileras combinará bien con casi cualquier trenza divisible por dos; una repetición de 4 hileras combinará bien con una trenza divisible por cuatro, y las trenzas de 6 hileras quedarán ideales con una trenza divisible por seis.

Ejemplo:
Si está trabajando una trenza de 2 hileras junto a una de 4 hileras, los dos patrones se alinearán cada 4 hileras, es decir, en las hileras 4, 8, 12, 16, etc.

Si está trabajando una trenza de 4 hileras junto a una de 6 hileras, los dos patrones se alinearán en las hileras que sean divisibles por 4 y por 6, es decir, en las hileras 12, 24, 36, etc.

Una trenza de 6 hileras y una de 8 se alinearán en las hileras 24, 48 y en cualquier otra que sea divisible tanto por 6 como por 8.

Presentar las trenzas en papel cuadriculado le ayudará a ver dónde se alinearán. Y, si realmente quiere combinar dos trenzas que no coincidan, entonces podrá decidir qué hacer con las hileras «de sobra».

Dificultad: ⚪ ⚪

CEPL: Hay que añadir 2 p. por cada 10 cm acabados

Estas secciones se encuentran en la parte superior de cada patrón.

Combinaciones:
Puntos Múltiplo de 13 p.
Repetición
De 16 hileras

Posición, caída y forma de la trenza

Otra cuestión importante a la hora de diseñar trenzas es su posición. Para ello, hay que tener en cuenta su valor estético y la manera cómo afecta al tejido. Por ejemplo, una trenza tupida y con mucha textura creará un tejido más rígido y con menos caída. Este tipo de tejido sería ideal para un cojín o una bolsa, pero sería necesario tejer una muestra precisa antes de incluirlo en una prenda de ropa.

Una trenza tupida colocada en el centro de una pieza de ropa puede tirar del tejido de su alrededor, afectar la forma del cuerpo y levantar el dobladillo por el centro. Una manera de evitar que suceda esto sería añadiendo una trenza a cada lado para levantar también los lados del dobladillo y nivelar el borde inferior.

Las trenzas pueden usarse como parte del diseño para dar forma. Un bloque de sencillas trenzas clásicas en la cintura de un suéter largo de tipo vestido puede crear un atractivo contorno ligeramente curvado sin necesidad de alterar el patrón con aumentos y disminuciones; los bordes con trenzas dan estabilidad a la pieza, por lo que son ideales cuando se quiere evitar que se enrosquen.

En el caso de las prendas de ropa, puede ir bien recortar formas de papel de las secciones principales y luego colocar las muestras encima. Teja cada trenza a modo de muestra individual para poder dar rienda suelta a su creatividad y luego poder experimentar combinándolas. Puede juntarlas con alfileres para hacerse una idea de la forma y la caída que tendrán. Al hacer las piezas de papel, no se olvide de tener en cuenta las costuras y la holgura deseada (lo ancha o ceñida que debe quedar la prenda).

CONSEJO

Para su primer diseño, es buena idea que empiece con un proyecto sin forma o con muy poca. Una funda de cojín, una manta, un chal o una bufanda son buenas opciones.

Elección del hilo y las agujas

Una vez que haya diseñado su trenza, tendrá que decidir qué hilo y agujas son los más adecuados para sacarle el máximo partido.

Textura del hilo

Las trenzas agradecen los hilos lisos pero que no resbalen. Los de lana o mezcla de lana son ideales, ya que crean puntos definidos pero también tienen un buen agarre. Al ser naturalmente mullida, los puntos hechos con hilo de lana quedan más uniformes y rellenan los pequeños huecos que pueden aparecer en los bordes de las trenzas. Con hilos de algodón y similares, la textura lisa del hilo centra la atención en la trenza y la hace destacar. No obstante, su falta de elasticidad puede hacer que las trenzas más pesadas queden caídas y que los agujeros se aprecien más. Los hilos jaspeados y con textura también resultan efectivos, pero las trenzas quedarán más discretas.

Esta trenza con ojetes se ha tejido con hilo ligero (DK) y agujas de 3,75 mm. Los ojetes son claramente visibles y el aspecto general es abultado.

La misma trenza con ojetes hecha con hilo fino de mohair y agujas de 5 mm queda delicada y bonita, pero el patrón es menos visible.

Color del hilo

Tradicionalmente, las trenzas se hacen en color crudo, que es una elección excelente. Pero esta no es la única opción. No tiene por qué limitarse a tejerlas con hilos de color blanco y crema o incluso solo en tonos pastel. Los colores muy oscuros y los hilos multicolores pueden reducir el impacto de los patrones de trenzas, pero hay muchos otros colores que quedan estupendos. La clave es hacer una muestra del patrón y ver con cuál funciona mejor.

Agujas

Los hilos comerciales suelen especificar un rango de medidas de aguja y es recomendable tenerlas en cuenta como punto de partida. Unas agujas demasiado grandes crearán un tejido suelto y más calado, lo cual puede reducir el efecto visual del diseño. Unas agujas muy pequeñas no solo dificultarán el trabajo, sino que la combinación de puntos apretados con el tejido más tupido de la trenza puede afectar el tacto y la caída de la labor terminada.

Hilo mohair tejido a punto liso (30 puntos × 70 hileras) utilizando las agujas recomendadas (4 mm): se obtiene un tejido pulcro y uniforme.

El mismo hilo mohair tejido con agujas más grandes (6 mm) crea puntos más sueltos y calados (20 puntos × 35 hileras).

Punto liso y trenzas: el cálculo de la equivalencia a punto liso (CEPL)

El punto liso y las trenzas raramente comparten la misma tensión. Las torsiones y las manipulaciones que se producen en las trenzas hacen que el tejido quede un poco más prieto, y normalmente hay menos puntos por centímetro en una zona a punto liso que en otra donde se trabaja el patrón de la trenza. Eso significa que si se añade una trenza a un patrón existente, el tejido quedará más estrecho. En algunos casos, la diferencia será insignificante, pero siempre es mejor asegurarse.

Las trenzas suelen tejerse con hilos ligeros, con los cuales se obtienen 20 puntos en una muestra a punto liso de 10 cm (el tamaño estándar de una muestra de tensión), así que el CEPL especificado en los patrones funciona bien en una labor con esta tensión. Esta información indica cuántos puntos hay que añadir para substituir una trenza del patrón. No obstante, si desea usar un hilo más fino o más grueso, es mejor que teja una muestra y siga la fórmula de la derecha para calcular el CELP.

Si su CEPL es 9, significa que por cada 10 cm debe añadir 9 puntos lisos. Estos puntos adicionales pueden estar en los bordes del patrón o en medio de la trenza o la repetición de la trenza.

En algunos casos, el CEPL será un número negativo. Esto suele pasar cuando una trenza incluye un punto más ancho, como el punto bobo o el punto arroz. Más que contraer el tejido, estos puntos lo expanden, así que tendrá que restar la cantidad que le salga con el CEPL en cada 10 cm del patrón.

¿El tipo de hilo y el tamaño de aguja afectan el CEPL?

Si va a emplear un hilo o unas agujas de un tamaño diferente al utilizado en nuestras muestras, recomendamos que teja muestras y calcule su CELP usando la fórmula de la derecha. Todas las trenzas del libro se han hecho con hilos ligeros (DK) de Cascade Yarns® 220 Superwash® y agujas de 4,5 mm.

¿Cómo se calcula el CEPL?

Si utiliza una trenza de otro libro o un patrón de diseño propio y quiere saber cuál es su CEPL, primero debe hacer una muestra de ambos tejidos. Para las muestras, teja al menos dos repeticiones de la trenza y un fragmento del mismo tamaño a punto liso. Después, mida las dos muestras y compare las hileras y los puntos por centímetro.

El CEPL se calcula así:

1. Anchura de la muestra a punto liso = número de puntos por cada 10 cm = (A)
2. Anchura de la muestra de la trenza = (B)

3. Número de puntos en la trenza = (C)
4. $(A/B) \times (C)$ = número de puntos de la trenza que se requieren para hacer una muestra del mismo tamaño que la muestra a punto liso (D)
5. El número de puntos adicionales requeridos por cada 10 cm para hacer coincidir ambas muestras es D – A = E

Ejemplo práctico:

A: Muestra a punto liso = 20 p. en 10 cm
B: Anchura de la trenza: 7,6 cm
C: Número de puntos en la trenza = 28
D: $10/7,6 \times 28 = 36,8$ (redondeado: 37)
E: $37 - 20 = 17$

Por tanto, debemos añadir 17 puntos por cada 10 cm de tejido hecho siguiendo el patrón de la trenza para que tenga la misma anchura que el tejido hecho a punto liso.

Se puede hacer lo mismo con las hileras, midiendo el número de hileras en cada muestra, descubrir cuántas hay por centímetro y calcular la diferencia entre ambas muestras.

Si el cálculo da un número negativo significa que hay más puntos lisos que puntos del patrón de la trenza por cada centímetro. En tal caso, tendremos que restar el número de puntos por centímetro para obtener dos muestras del mismo tamaño.

Símbolos, puntos y abreviaturas

Para comprimir los patrones, tanto en forma de texto como diagrama, cada punto tiene un símbolo y una abreviatura.

Algunas abreviaturas son sencillas y obvias, como «d.» para «punto del derecho» y «r.» para «punto del revés». En cuanto a las trenzas, se pueden dar abreviaturas más detalladas, lo que puede ser un poco confuso. No obstante, suelen seguir la estructura del punto. Por ejemplo, «trenza dcha. 2/2» representa una trenza que se retuerce a la derecha y que tiene 4 puntos en total. En otros patrones, esto también puede abreviarse como «trenza det. 2/2», que significa

que los puntos se sujetan por detrás de la labor. Una «trenza izq. 2/2» también tiene 4 puntos en total, pero estos se desplazan hacia la izquierda de la labor. Esta última también puede abreviarse como «trenza del. 2/2», ya que los puntos se sujetan por delante de la labor.

En las trenzas más difíciles, se especifica el número de puntos que se desplazan. Por ejemplo, una trenza de 4 puntos puede abreviarse como «trenza izq. 2/2»

o «trenza izq. 3/1». La «trenza izq. 2/2» describe 2 puntos que se sujetan por delante de la labor. En el caso de la «trenza izq. 3/1», se sostienen 3 puntos por delante.

Las abreviaturas especiales las encontrará junto al patrón y también en este glosario. Compruebe siempre las abreviaturas y los símbolos, ya que no todos los diseñadores usan los mismos.

GLOSARIO DE SÍMBOLOS, PUNTOS Y ABREVIATURAS

Trenza izq. 1/1: Pase el p. siguiente a la aguja aux. y sujétela por delante de la labor, haga 1 d. y en la aguja aux. 1 d.

Trenza r. izq. 1/1: Pase el p. siguiente a la aguja aux. y sujétela por delante de la labor, haga 1 r. y en la aguja aux. 1 d.

Trenza dcha. 1/1: Pase el p. siguiente a la aguja aux. y sujétela por detrás de la labor, haga 1 d. y en la aguja aux. 1 d.

Trenza r. dcha. 1/1: Pase el p. siguiente a la aguja aux. y sujétela por detrás de la labor, haga 1 d. y en la aguja aux. 1 r.

Trenza izq. 1/2: Pase el p. siguiente a la aguja aux. y sujétela por delante de la labor, haga 2 d. y en la aguja aux. 1 d.

Trenza dcha. 1/2: Pase los 2 p. siguientes a la aguja aux. y sujétela por detrás de la labor, haga 1 d. y en la aguja aux. 2 d.

Trenza elást. doble izq. 4/4: Pase los 4 p. siguientes a la aguja aux. y sujétela por delante de la labor, haga [1 r., 2 d., 1 r.] y en la aguja aux.1 r., 2 d., 1 r.

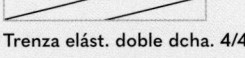

Trenza elást. doble dcha. 4/4: Pase los 4 p. siguientes a la aguja aux. y sujétela por detrás de la labor, haga [1 r., 2 d., 1 r.] y en la aguja aux.1 r., 2 d., 1 r.

Trenza izq. 2/1: Pase los 2 p. siguientes a la aguja aux. y sujétela por delante de la labor, haga 1 d. y en la aguja aux. 2 d.

Trenza r. izq. 2/1: Pase los 2 p. siguientes a la aguja aux.

y sujétela por delante de la labor, haga 1 r. y en la aguja aux. 2 d.

Trenza dcha. 2/1: Pase el p. siguiente a la aguja aux. y sujétela por detrás de la labor, haga 2 d. y en la aguja aux. 1 d.

Trenza r. dcha. 2/1: Pase el p. siguiente a la aguja aux. y sujétela por detrás de la labor, haga 2 d. y en la aguja aux. 1 r.

Trenza izq. 2/1/2: Pase los 2 p. siguientes a una aguja aux. y sujétela por delante de la labor, deslice el p. siguiente a otra aguja aux. y sujétela por detrás de la labor, haga 2 d., en la aguja aux. de detrás 1 d. y en la aguja aux. de delante 2 d.

Trenza r. izq. 2/1/2: Pase los 3 p. siguientes a la aguja aux. y sujétela por delante de la

labor, haga 2 d., deslice el último p. de la aguj aux. a la aguja izq., teja este p. del revés y luego haga 2 d. en la aguja aux.

Trenza dcha. 2/1/2: Pase los 3 p. siguientes a la aguja aux. y sujétela por detrás de la labor, haga 2 d., deslice el p. que está más a la izq. de la aguja aux. a la aguja izq., pase hacia delante de la labor la aguja aux. con los p. restantes, haga 1 d. en la aguja izq. y 2 d. en la aguja aux.

Trenza r. dcha. 2/1/2: Pase los 3 p. siguientes a la aguja aux. y sujétela por detrás de la labor, haga 2 d., deslice el p. que está más a la izq. de la aguja aux. a la aguja izq., pase hacia delante de la labor la aguja aux. con los p. restantes, haga 1 r. en la aguja izq. y 2 d. en la aguja aux.

GLOSARIO DE SÍMBOLOS, PUNTOS Y ABREVIATURAS

Trenza izq. 2/2: Pase los 2 p. siguientes a la aguja aux. y sujétela por delante de la labor, haga 2 d. y en la aguja aux. 2 d.

Trenza r. izq. 2/2: Pase los 2 p. siguientes a la aguja aux. y sujétela por delante de la labor, haga 2 r. y en la aguja aux. 2 d.

Trenza dcha. 2/2: Pase los 2 p. siguientes a la aguja aux. y sujétela por detrás de la labor, haga 2 d. y en la aguja aux. 2 d.

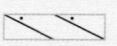

Trenza elást. izq. 2/2: Pase los 2 p. siguientes a la aguja aux. y sujétela por delante de la labor, haga 1 d., 1 r. y en aguja aux. 1 d., 1 r.

Trenza r. dcha. 2/2: Pase los 2 p. siguientes a la aguja aux. y sujétela por detrás de la labor, haga 2 r. y en la aguja aux. 2 d.

Trenza izq. 2/2/2: Pase los 2 p. siguientes a una aguja aux. y sujétela por delante de la labor, deslice los 2 p. siguientes a otra aguja aux. y sujétela por detrás de la labor, haga 2 d., en la aguja aux. de detrás 2 d. y en la aguja aux. de delante 2 d.

Trenza r. izq. 2/2/2: Pase los 2 p. siguientes a una aguja aux. y sujétela por delante de la labor, deslice los 2 p. siguientes a otra aguja aux. y sujétela por detrás de la labor, haga 2 d., en la aguja aux. de detrás 2 r. y en la aguja aux. de delante 2 d.

Trenza dcha. 2/2/2: Pase los 4 p. siguientes a la aguja aux. y sujétela por detrás de la labor, haga 2 d., deslice los 2 p. que están más a la izq. de la aguja aux. a la aguja izq., pase hacia delante de la labor la aguja aux. con los p. restantes, haga 2 d. en la aguja izq. y 2 d. en la aguja aux.

Trenza r. dcha. 2/2/2: Pase los 4 p. siguientes a la aguja aux. y sujétela por delante de la labor, haga 2 d., deslice los 2 p. que están más a la izq. de la aguja aux. a la aguja izq., pase hacia detrás de la labor la aguja aux. con los p. restantes, haga 2 r. en la aguja izq. y 2 d. en la aguja aux.

Trenza 3 d. jun. izq. 2/3: Pase los 2 p. siguientes a una aguja aux. y sujétela por delante de la labor, teja del derecho los 3 p. siguientes juntos a través de la parte de detrás de la lazada (menguando 2 p.) y haga 2 d. en la aguja aux.

Trenza 3 d. jun. dcha. 2/3: Pase los 2 p. siguientes a una aguja aux. y sujétela por detrás de la labor, teja del derecho los 3 p. siguientes juntos a través de la parte de detrás de la lazada (menguando 2 p.) y haga 2 d. en la aguja aux.

Trenza r. izq. 2/3: Pase los 2 p. siguientes a la aguja aux. y sujétela por delante de la labor, haga 3 r. y en la aguja aux. 2 d.

Trenza r. dcha. 2/3: Pase los 3 p. siguientes a la aguja aux. y sujétela por detrás de la labor, haga 2 d. y en la aguja aux. 3 r.

Trenza r. izq. 3/1: Pase los 3 p. siguientes a la aguja aux. y sujétela por delante de la labor, haga 1 r. y en la aguja aux. 3 d.

Trenza r. dcha. 3/1: Pase el p. siguiente a la aguja aux. y sujétela por detrás de la labor, haga 3 d. y en la aguja aux. 1 r.

Trenza r. izq. 3/1/3: Pase los 3 p. siguientes a una aguja aux. y sujétela por delante de la labor, deslice el p. siguiente a otra aguja aux. y sujétela por detrás de la labor, haga 3 d., en la aguja aux. de detrás 1 r. y en la aguja aux. de delante 3 d.

Trenza r. dcha. 3/1/3: Pase los 4 p. siguientes a la aguja aux. y sujétela por detrás de la labor, haga 3 d., deslice el p. que está más a la izq. de la aguja aux. a la aguja izq., pase hacia delante de la labor la aguja aux. con los p. restantes, haga 1 r. en la aguja izq. y 3 d. en la aguja aux.

Trenza izq. 3/2: Pase los 3 p. siguientes a la aguja aux. y sujétela por delante de la labor, haga 2 d. y en la aguja aux. 3 d.

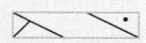

Trenza r. izq. 3/2: Pase los 3 p. siguientes a la aguja aux. y sujétela por delante de la labor, haga 2 r. y en la aguja aux. 3 d.

Trenza dcha. 3/2: Pase los 2 p. siguientes a la aguja aux. y sujétela por detrás de la labor, haga 3 d. y en la aguja aux. 2 d.

Trenza r. dcha. 3/2: Pase los 2 p. siguientes a la aguja aux. y sujétela por detrás de la labor, haga 3 d. y en la aguja aux. 2 r.

Trenza izq. 3/3: Pase los 3 p. siguientes a la aguja aux. y sujétela por delante de la labor, haga 3 d. y en la aguja aux. 3 d.

Trenza r. izq. 3/3: Pase los 3 p. siguientes a la aguja aux. y sujétela por delante de la labor, haga 3 r. y en la aguja aux. 3 d.

Trenza [r., d., r.] izq.3/3: Pase los 3 p. siguientes a la aguja aux. y sujétela por delante de la labor, haga 1 r., 1 d. y 1 r. en la aguja izq. y 3 d. en la aguja aux.

Trenza dcha. 3/3: Pase los 3 p. siguientes a la aguja aux. y sujétela por detrás de la labor, haga 3 d. y en la aguja aux. 3 d.

Trenza r. dcha. 3/3: Pase los 3 p. siguientes a la aguja aux. y sujétela por detrás de la labor, haga 3 d. y en la aguja aux. 3 r.

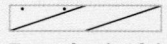

Trenza [r., d., r.] dcha. 3/3: Pase los 3 p. siguientes a la aguja aux. y sujétela por detrás de la labor, haga 1 r., 1 d. y 1 r. en la aguja izq. y 3 d. en la aguja aux.

Trenza p. arroz izq. 3/3/3: Pase los 6 p. siguientes a la aguja aux. y sujétela por delante de la labor, haga 3 d., deslice 3 p. de la aguja aux. de nuevo a la aguja izq., haga 1 d., 1 r., 1 d. y en la aguja aux. 3 d.

Trenza dcha. 3/6: Pase los 6 p. siguientes a la aguja aux. y sujétela por detrás de la labor, haga 3 d. en la aguja izq. y 6 d. en la aguja aux.

Trenza r. izq. 4/1/1: Pase los 4 p. siguientes a la aguja aux. y sujétela por delante de la labor, haga 1 d., 1 r. y en la aguja aux. 4 d.

Trenza r. dcha. 4/1/1: Pase los 2 p. siguientes a la aguja aux. y sujétela por detrás de la labor, haga 4 d. en la aguja izq. y en la aguja aux. 1 r., 1 d.

Trenza izq. 4/1/4: Pase los 4 p. siguientes a una aguja aux. y sujétela por delante de la labor, deslice el p. siguiente a otra aguja aux. y sujétela por detrás de la labor, haga 4 d., en la aguja aux. de detrás 1 d. y en la aguja aux. de delante 4 d.

Trenza dcha. 4/1/4: Pase los 5 p. siguientes a la aguja aux. y sujétela por detrás de la labor, haga 4 d., deslice el p. que está más a la izq. de la aguja aux. a la aguja izq., pase hacia delante de la labor la aguja aux. con los p. restantes, haga 1 d. en la aguja izq. y 4 d. en la aguja aux.

Trenza r. izq. 4/2: Pase los 4 p. siguientes a la aguja aux. y sujétela por delante de la labor, haga 2 r. y en la aguja aux. 4 d.

Trenza r. dcha. 4/2: Pase los 2 p. siguientes a la aguja aux. y sujétela por detrás de la labor, haga 4 d. y en la aguja aux. 2 r.

Trenza izq. 4/4: Pase los 4 p. siguientes a la aguja aux. y sujétela por delante de la labor, haga 4 d. y en la aguja aux. 4 d.

Trenza elást. izq. 4/4: Pase los 4 p. siguientes a la aguja aux. y sujétela por delante de la labor, haga 2 d., 2 r. y en la aguja aux 2 d., 2 r.

Trenza dcha. 4/4: Pase los 4 p. siguientes a la aguja aux. y sujétela por detrás de la labor, haga 4 d. y en la aguja aux. 4 d.

Trenza elást. izq. 4/4: Pase los 4 p. siguientes a la aguja aux. y sujétela por delante de la labor, haga 1 d.,1 r., 1 d., 1 r. y en la aguja aux. 1 d.,1 r., 1 d., 1 r.

Trenza elást. dcha. 4/4: Pase los 4 p. siguientes a la aguja aux. y sujétela por detrás de la labor, haga 1 d.,1 r., 1 d., 1 r. y en la aguja aux. 1 d.,1 r., 1 d., 1 r.

Trenza dcha. 4/4 p. liso sobre p. arroz4/4: Pase los 4 p. siguientes a la aguja aux. y sujétela por detrás de la labor, haga 4 d. y en la aguja aux. [1 r., 1 d.] 2 veces.

Trenza elást. dcha. 4/4: Pase los 4 p. siguientes a la aguja aux. y sujétela por detrás de la labor, haga 2 d., 2 r. y en la aguja aux. 2 d., 2 r.

Trenza dcha. 4/4 p. arroz sobre p. liso 4/4: Pase los 4 p. siguientes a la aguja aux. y sujétela por detrás de la labor, haga [1 r., 1 d.] 2 veces y en la aguja aux. 4 d.

Trenza r. izq. 4/8: Pase los 4 p. siguientes a la aguja aux. y sujétela por delante de la labor, haga 8 r. y en la aguja aux. 4 d.

Trenza izq. 5/5: Pase los 5 p. siguientes a la aguja aux. y sujétela por delante de la labor, haga 5 d. y en la aguja aux. 5 d.

Trenza dcha. 5/5: Pase los 5 p. siguientes a la aguja aux. y sujétela por detrás de la labor, haga 5 d. y en la aguja aux. 5 d.

Trenza elást. r. dcha. 5/5: Pase los 5 p. siguientes a la aguja aux. y sujétela por detrás de la labor, haga 5 r. en la aguja izq. y 2 d., 1 r., 2 d. en la aguja aux.

Trenza izq. 6/6: Pase los 6 p. siguientes a la aguja aux. y sujétela por delante de la labor, haga 6 d. y en la aguja aux. 6 d.

Trenza dcha. 6/6: Pase los 6 p. siguientes a la aguja aux. y sujétela por detrás de la labor, haga 6 d. y en la aguja aux. 6 d.

Trenza elást. izq. 6/6: Pase los 6 p. siguientes a la aguja aux. y sujétela por delante de la labor, haga [1 d., 1 r.] 3 veces y en la aguja aux. [1 d., 1 r.] 3 veces.

Trenza elást. dcha. 6/6: Pase los 6 p. siguientes a la aguja aux. y sujétela por detrás de la labor, haga [1 d., 1 r.] 3 veces y en la aguja aux. [1 d., 1 r.] 3 veces.

Desl. 2 jun., 1 d., pas. enc., disminución doble centrada: Deslice 2 p. juntos, 1 d., pase los p. deslizados por encima.

cm: centímetros

Dism. 5 a 1, disminuya de 5 p. a 1:

i)   Deslice los 3 p. siguientes a la aguja dcha. como si fuera a tejerlos del revés.

ii)   Levante el segundo p. de la aguja dcha., páselo por encima del primero y sáquelo de la aguja.

iii)   Pase el p. de la aguja dcha. a la aguja izq. como si fuera a tejerlo del revés. Levante el segundo p. de la aguja dcha., páselo por encima del primero y sáquelo de la aguja.

iv)   Pase el p. de la aguja izq. a la aguja dcha.

Repita los pasos ii y iii una vez más. Teja del derecho el último p. (que ahora está en la aguja izq.) y siga del modo habitual (4 p. disminuidos).

Dism. 7 a 1, disminuya de 7 p. a 1:

i)   Deslice los 4 p. siguientes a la aguja dcha. como si fuera a tejerlos del revés.

ii)   Levante el segundo p. de la aguja dcha., páselo por encima del primero y sáquelo de la aguja.

iii)   Pase el p. de la aguja dcha. a la aguja

GLOSARIO DE SÍMBOLOS, PUNTOS Y ABREVIATURAS

izq. como si fuera a tejerlo del revés.

iv) Levante el segundo p. de la aguja dcha., páselo por encima del primero y sáquelo de la aguja. Pase el p. de la aguja izq. a la aguja dcha.

Repita los pasos ii y iii dos veces más. Teja del derecho el último p. (que ahora está en la aguja izq.) y siga del modo habitual (6 p. disminuidos).

Aum. 1 a 3, haga 3 p. en 1: En la página 154 encontrará un ejemplo ilustrado sobre cómo trabajar este p.

d.: punto del derecho

D. det.: punto del derecho por la parte de detrás de la lazada.

2 d. jun., 2 p. del derecho juntos: Introduzca la aguja dcha. en los 2 p. siguientes y téjalos juntos como si fueran un p. (1 p. disminuido)

3 d. jun., 3 p. del derecho juntos: Introduzca la aguja dcha. en los 3 p. siguientes y téjalos juntos del derecho como si fueran un p. (2 p. disminuidos).

3 d. jun. det., 3 p. del derecho juntos a través de la parte de detrás de las lazadas: Introduzca la aguja en la parte de detrás de las lazadas de los 3 p. siguientes y téjalos del derecho juntos como si fueran un p. (2 p. disminuidos).

izq.: izquierda

Aum. 1, aumente 1 p.: Desde delante, introduzca la aguja izq. por debajo de la hebra horizontal situada entre las agujas izq. y dcha. y teja 1 d. en la parte de detrás de esta lazada.

Bod., bodoque: [1 d., 1 r., 1 d., 1 r., 1 d.] en 1 p., dé la vuelta a la labor, 5 r., dé la vuelta a la labor, deslice 5 p. a la aguja dcha. como si fuera a tejerlos del revés y pase los p. 2, 3, 4 y 5 por encima del primero para dejar 1 p.

Ningún punto: Se disminuye un punto.

r.: punto del revés

r. det.: punto del revés por la parte de detrás de la lazada.

2 r. jun., 2 p. del revés juntos: Introduzca la aguja en los 2 p. siguientes y téjalos juntos del revés como si fueran un p. (1 p. disminuido).

3 r. jun., 3 p. del revés juntos: Introduzca la aguja en los 3 p. siguientes y téjalos juntos del revés como si fueran un p. (2 p. disminuidos).

dcha.: derecha

D: derecho de la labor

D: p. del derecho.

R: p. del revés.

D: p. del revés.

R: p. del derecho.

D: (1 d., laz., 1 r.) en 1 p.: En un 1 p., teja 1 p. del derecho, eche hebra alrededor de la aguja y haga 1 p. del derecho.

R: (1 r., laz., 1 r.) en 1 p.: En un 1 p., teja 1 p. del revés, eche hebra alrededor de la aguja y haga 1 p. del revés.

Desl., deslice: Introduzca la aguja dcha. en el p. siguiente de la aguja izq. como si fuera a tejerlo del revés. Páselo a la aguja dcha. sin trabajar el p.

Desl. 1 con hilo det.: Deslice 1 p. como si fuera a tejerlo del revés con el hilo hacia detrás de la labor.

Desl. 1 con hilo del.: Deslice 1 p. como si fuera a tejerlo del revés con el hilo hacia delante de la labor.

Desl. 1, 2 d. jun., pas. enc.: Deslice 1 p., teja 2 p. del derecho juntos y pase el p. deslizado por encima.

Desl. 1, 1 d., pas. enc.: Deslice 1 p., teja 1 p. del derecho y pase el p. deslizado por encima.

Desl. 1, desl. 1, 2 d. jun.: Deslice los 2 p. siguientes a la aguja dcha., de uno en uno, como si fuera a tejerlos del derecho. Introduzca la aguja izq. en las partes delanteras de estos dos p. y téjalos del derecho juntos (1 p. disminuido).

Desl. 1, desl. 1, 2 r. jun.: Deslice los 2 p. siguientes a la aguja dcha., de uno en uno, como si fuera a tejerlos del derecho. Téjalos del revés juntos atravesando la parte de detrás de las lazadas de los p.

p.: punto(s)

Det., por detrás de la lazada: Introduzca la aguja por detrás del p.

Env. 4 p., envuelva 4 p.: Deslice 4 p. con el hilo por detrás, pase el hilo hacia delante, pase los 4 p. de nuevo a la aguja izq. y haga 4 d. (D) o 4 r. (R).

R: revés de la labor

Laz., eche hebra alrededor de la aguja: Lleve el hilo hacia delante de la labor y luego de nuevo hacia detrás pasándolo alrededor de la aguja dcha. Teja el p. siguiente del modo habitual.

* Repita las instrucción desde el asterisco tal como se indica.

[ ] Siga las instrucciones de dentro de los corchetes el número de veces indicado.

Índice analítico

Agradecimientos

Quiero dar las gracias a mi abuela por regalarme mis primeras agujas e inspirarme con sus increíbles labores con trenzas y diseños Fair Isle; a la mujer que apostó por una adolescente un tanto peculiar y me dio mi primer trabajo como tejedora; a las revistas dedicadas a las labores de punto y, por supuesto, a Quarto, por tener fe en mi capacidad de escribir y en mis diseños; también a mi marido por sus ánimos y sus bellas fotografías; a mi querida amiga Julia, por juzgar mis diseños con amabilidad y probar a hacerlos con paciencia (es mi pilar a la hora de tejer) y a mi adorable familia, ¡que siempre soporta el constante clic-clic de las agujas de tejer y encuentra blanditos ovillos repartidos por toda la casa!

Créditos

Todos los hilos utilizados en este libro son Cascade Yarns® 220 Superwash®. A continuación, se indica la lista completa de los colores empleados.

CAPÍTULO UNO
365 Silver Pink
371 Chinois Green
817 Aran

CAPÍTULO DOS
372 Storm Cloud Heather
1961 Camel
350 Seagrass

CAPÍTULO TRES
1926 Doeskin Heather
1944 Westpoint Blue Heather
1942 Mint

CAPÍTULO CUATRO
904 Colonial Blue Heather
1949 Lavender
347 Chamomile

CAPÍTULO CINCO
340 Dawn Pink
1946 Silver Gray
205 Purple Sage

CAPÍTULO SEIS
349 Irish Cream
204 Smoke Blue
350 Seagrass